U0484818

剧 变：英国工业革命

THE DAY THE WORLD TOOK OFF

THE ROOTS OF THE INDUSTRIAL REVOLUTION

名所江戸百景
両国花火
広重画

剧 变：英国工业革命

［英］萨利·杜根　戴维·杜根　著

孟　新　译

中国科学技术出版社
·北　京·

卷首插图：歌川广重（Utagawa Hiroshige）作于1858年的这幅《两国桥上焰火图》[①]，体现了东西方之间的技术差距。火药是东方的诸多发明之一，但不知为何，东方没能在西方之前实现工业化。

图书在版编目（CIP）数据

剧变：英国工业革命 /（英）萨利·杜根，（英）戴维·杜根著；孟新译. —北京：中国科学技术出版社，2018.9（2025.9重印）

书名原文：The Day the World Took off：The Roots of the Industrial Revolution
ISBN 978-7-5046-8123-2

Ⅰ.①剧… Ⅱ.①戴… ②萨… ③孟… Ⅲ.①产业革命—工业史—英国 Ⅳ.① F456.19

中国版本图书馆 CIP 数据核字（2018）第 187033 号

著作权合同登记号：01-2017-6329

First published 2000 by Channel 4, an imprint of Pan Macmillan, a division of Macmillan Publishers International Limited. Rights Arranged through Peony Literary Agency Limited.

本书由 Macmillan Publishers International Limited 通过 Peony Literary Agency Limited 授权中国科学技术出版社独家出版，未经出版者许可不得以任何方式抄袭、复制或节录任何部分

策　　划	秦德继
责任编辑	单　亭　崔家岭
封面设计	石　猴
责任校对	焦　宁
责任印制	李晓霖
出　　版	中国科学技术出版社
发　　行	中国科学技术出版社有限公司
地　　址	北京市海淀区中关村南大街16号，100081
电　　话	010-62173865
网　　址	http://www.cspbooks.com.cn
开　　本	787mm×1092mm　1/16
字　　数	220千字
印　　数	10001-13000册
印　　张	12
版　　次	2018年9月第1版
印　　次	2025年9月第3次印刷
印　　刷	北京顶佳世纪印刷有限公司
书　　号	ISBN 978-7-5046-8123-2 / F·871
定　　价	68.00元

[①] 画名中的两国，日本地名，位于江户。
　　　　　　——译者注

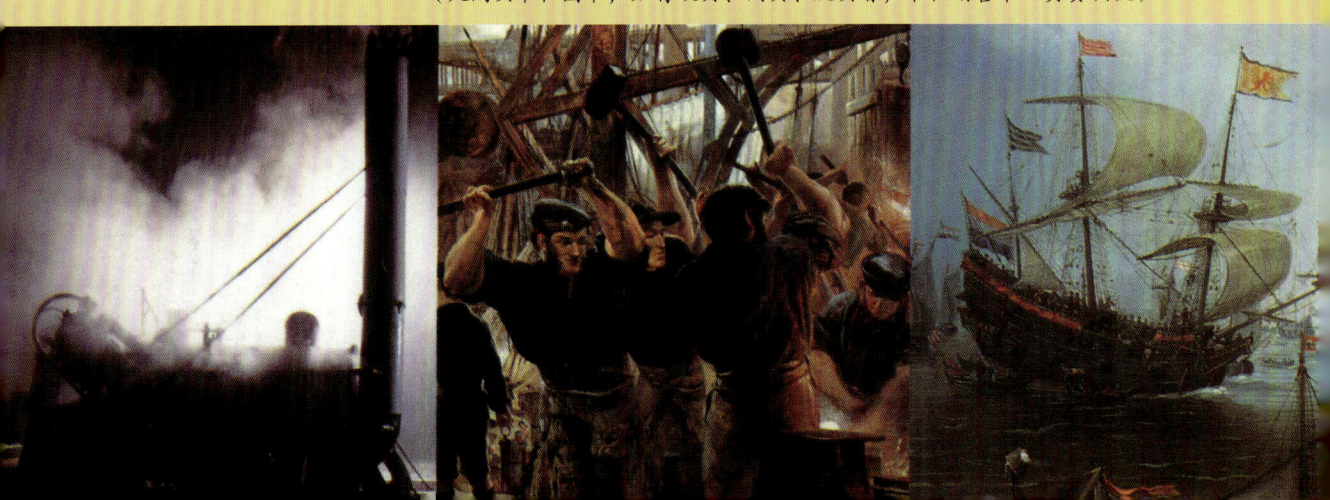

（凡购买本社图书，如有缺页、倒页、脱页者，本社销售中心负责调换）

目录
CONTENTS

序言 *6*

参与本书创作的历史学家 *8*

第一章　铁马 *10*
时间：1830年9月15日
跨度：1天
地点：利物浦和曼彻斯特

第二章　车轮与交易 *38*
时间：1730—1830年
跨度：100年
地点：德国迈森—法国巴黎—英国煤溪谷—英国伦敦

第三章　财富之船 *70*
时间：1600—1850年
跨度：250年
地点：西欧—北美—奥斯曼帝国

第四章　奇妙机械 *98*
时间：1350—1850年
跨度：500年
地点：欧洲和亚洲

第五章　战争与和平 *128*
时间：900—1900年
跨度：1000年
地点：欧洲—亚洲—北美

第六章　动物庄园 *158*
时间：公元前8000—公元2000年
跨度：10000年
地点：全球

延伸阅读 *188*
致谢 *189*

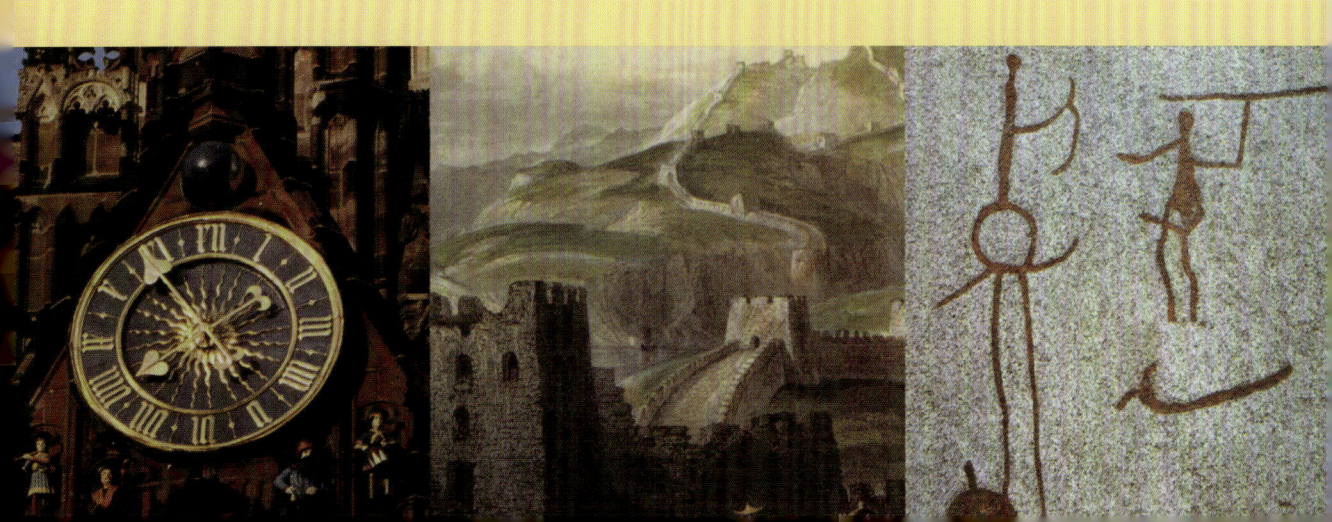

序言

"在开始的地方开始,"国王严肃地说,"一直走到头,然后停。"
——《爱丽丝漫游奇境记》(刘易斯·卡罗尔著,1865年)

对那些读着《1066及其他》(*1066 and All That*)这本书长大的人而言,历史就像是好事和坏事随意但有次序的组合。历代国王和王后的列表,当权者在位的日期,无不表明人们还是按时间顺序来构筑他们对历史的认识。

而《剧变:英国工业革命》(*The Day the World Took Off: The Roots of the Industrial Revolution*)一书则是要将历史倒过来。或者,更确切地说,

对于世界巨变之时的重构。

是让历史翻个筋斗。从开篇介绍的发生于1830年的一系列事件开始，《剧变：英国工业革命》对工业革命的一些重要时刻做了个回放。我们先是回放到此前的100年，之后是250年、500年、1000年，由此一直上溯到公元前8000年。最后，我们跨越万年，又回到当代，公元后的第三个千年。这样的视野有些炫目，不过有助于回答我们的基本问题：为什么是欧洲大陆之外的这个风雨飘摇的贫瘠小岛，而不是世界上其他诸多看来更有希望的地方成为了第一个工业中心？

谈到英国工业革命的起因，一般都会用人口以及关键时期的资源配置来解释。有些人还把北欧和北美一并考量。本书视角则更为大胆，更具全球性。为此，我们组织了5位具有国际影响的学者，来试着破解机器时代起始之谜。他们齐聚剑桥大学，在国王学院那古色古香的氛围里，以福尔摩斯探案般的专注，来审视能够破解这一历史之谜的各条线索。

故事从利物浦的一天开始。这一天既体现了工业革命的美好，又揭露出工业革命的丑陋。之后，故事不断向纵深延伸，最后扩展到从不同视角对全球历史的审视，时间跨度是公元前8000年到公元2000年，以及2000年之后。

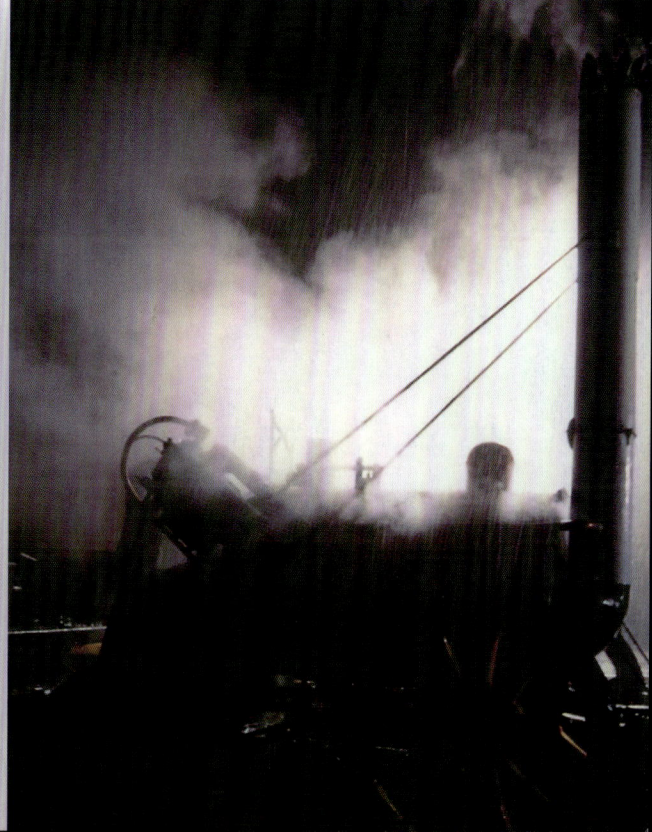

参与本书创作的历史学家

（图片中从左至右）
西蒙·谢弗，
玛克辛·伯格，
克里斯托弗·卡伦，
艾伦·麦克法兰，
乔尔·莫可尔

玛克辛·伯格（Maxine Berg） 英国华威大学历史学教授。她认为，许多历史学家过于关注发明者及其发明，而对发明的需求关注不够。消费者需求向商品的转化，这一工业革命的关键环节往往被忽略。

克里斯托弗·卡伦（Christopher Cullen） 伦敦大学东方与非洲研究院高级讲师，主要从事中国科学史和医学史的研究。他认为，研究工业革命的起因，如果只是关注欧洲方面，那我们就会忽视一个基本事实：1800年，世界经济中心是在东亚，而且那里已经初步具备了产生工业革命的技术条件。

艾伦·麦克法兰（Alan Macfarlane） 剑桥大学人类学教授。在他看来，工业革命之谜的确存在。他说道："在人类漫长的历史上，工业革命只是一瞬。但就在这一瞬间，农耕时代的藩篱被打破，我们进入了一个工业化的现代社会。"

乔尔·莫可尔（Joel Mokyr） 美国西北大学经济学和历史学教授。他对发明得以产生的政治环境很感兴趣。他说道："一般而言，政府越弱，就越有利于创新。不过也有例外，独裁政府对技术进步往往有敌意或漠不关心。"

西蒙·谢弗（Simon Schaffer） 剑桥大学科学史与科技哲学系员工。他对研究人们认识上的变化情有独钟。他说道："过去，解释英国历史上的重要事件，人们常用的说法是命中注定、宿命、上帝旨意、天意等。这些说法，近期才有所改变。"

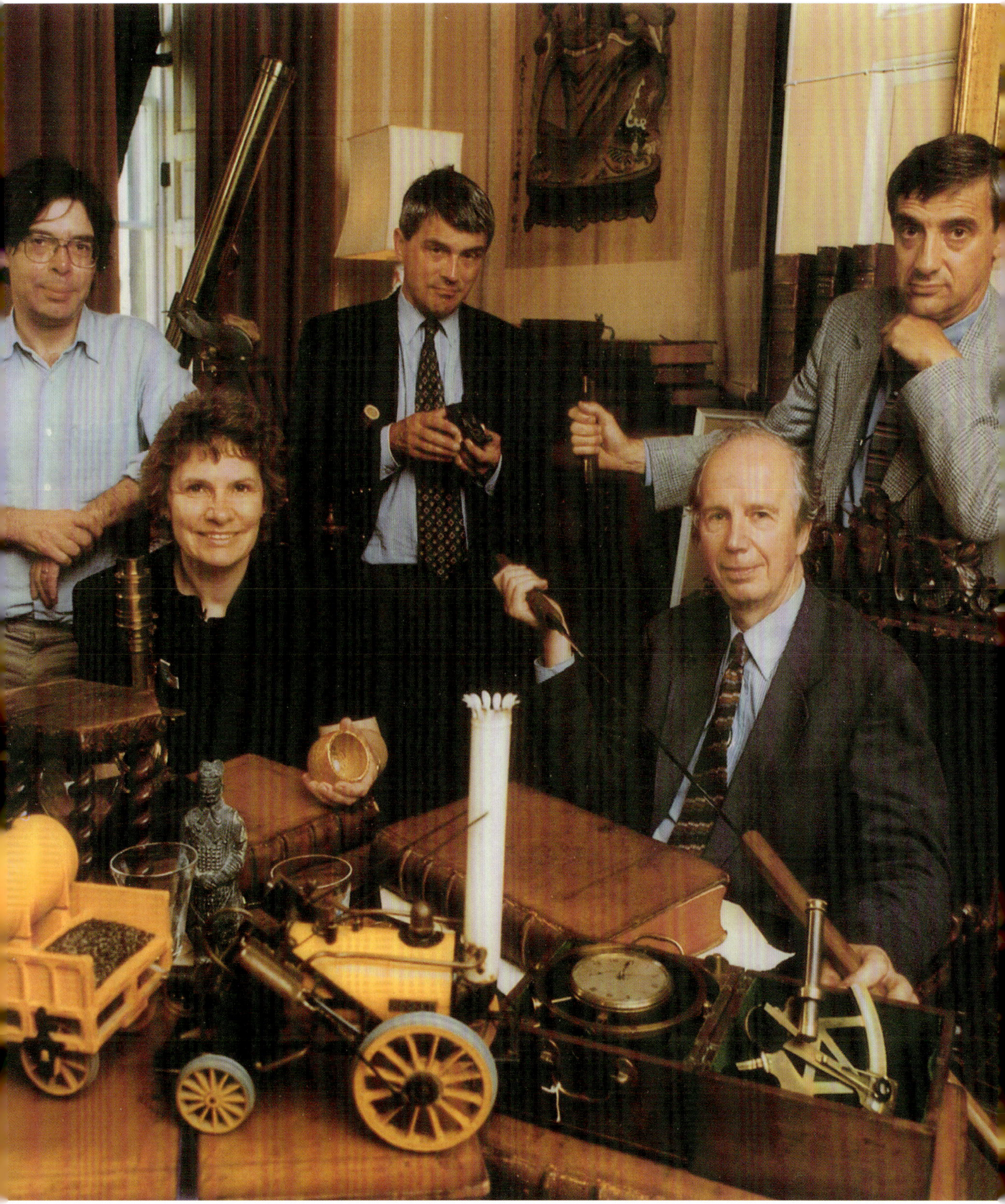

第一章　铁马

时间：1830 年 9 月 15 日
跨度：1 天
地点：利物浦和曼彻斯特

昨天，今天，差距如此之大！昨天，还都是老样子：不紧不慢的公共马车，乘马，驮马，响马，着铠甲的骑士，诺尔曼入侵者，罗马军团，德鲁伊教团员，涂成蓝色的古代不列颠人，等等，这些都属于昨天。我本想留点时间，让火药和印刷术来改变世界。但是，火车启动了今天的这个新时代。我们这些同龄人，既属于旧时代，又属于新时代……我们属于蒸汽时代。

——《过去与现在》（托马斯·卡莱尔著，1843 年）

时间是 1830 年 9 月 15 日，星期三，清晨；地点是利物浦，一个生机勃勃的港口城市。过去一周内，人们或步行，或骑马，或乘公共马车，或坐船，纷纷来到这里，为的是参加这天举行的利物浦至曼彻斯特火车开通仪式。所有旅店爆满，庆功宴也已开始准备。镇上的传令

世界首条客运铁路，牢固地镶嵌在了利物浦郊外的田野上。

官走来走去，告诉人们都来了哪些有钱人和名人。

这一天，象征着伟大的蒸汽时代的开始。虽然有人担心，火车的开通会增加下层人的流动性，当时的英国首相威灵顿公爵依然出席了庆典。人们期待着目睹英国最高级别的技术展示，并对这种技术信心满满。不过，这天发生的事情也揭示了这一技术黑暗的一面。

这天来到利物浦的名人里，有一位时髦的年轻女演员范妮·肯布尔（Fanny Kemble）。这位芳龄二十的女孩，刚刚在伦敦考文特花园的皇家歌剧院出演过朱丽叶这个角色（她母亲扮演凯普莱特），这是她的第一次乡下之旅。走向工业化的英格兰，令只有舞台经验的她大开眼界。范妮按捺不住心情的激动，写信给她的朋友，颅相学家乔治·库姆（George Combe）："这些以制造业为主的城镇，带给我这么多的快乐和知识，我甚至想去攻读一门学科。利物浦、曼彻斯特、伯明翰，这些地方，正如儿童书里的插图那样，令人神往。"

参观过利物浦到曼彻斯特即将完工的98英里（1英里约等于1.6千米）铁路后，范妮的信里洋溢着对蒸汽机和速度前景的热情展望。热衷于骑马的她，以其独有的方式，描述了载她走过这段新建铁路的蒸汽机车：

> 这一小发动机载着我们在轨道上飞驰。她（设计者认为这些小火马都是母马）由一台锅炉、一台炉灶、一个小台子和一条板凳组成，板凳后面放着一桶水，因为她每隔15英里就得喝水，整个装置也大不过一辆消防车。她跑起来是靠两个轮子，也就是脚；由若干亮晶晶的被叫作活塞的东西驱动，也就是腿。她的饲料是煤，就放在凳子底下。锅炉上面安着个小玻璃管，里面装着水，从水的多少就能判断出她是不是口渴，渴了的话，水就会立刻供上。这头哼哼叫的小兽，让我有种轻轻抚爱的欲望。她拉着我们，每小时跑10英里。斯蒂芬森先生还让我和他一起坐了发动机室中的板凳。
>
> 《给朋友的一封信》（1830年8月26日）

范妮不仅爱上了这个"飘着白烟的奇妙机器"，也爱上了铁路的创始人乔治·斯蒂芬森（George Stephenson）以及以前所未闻的35英里的时速驰骋所带来的纯粹刺激。她在信里向朋友保证，这个机器比飞鸟飞得还快（此前人们曾拿鹬做过实验）。她接着写道：

曾在舞台上扮演过朱丽叶的演员范妮·肯布尔，在第一次乘坐"火马"之后便着了迷。通过书信和日记，她对早期的火车进行了生动的描述。

你想象不到这种风驰电掣的感觉有多么奇妙,也想象不到这运动会是这么平稳。看书、写字,都不成问题,不过我是摘了帽子站在那儿,"吸吮着扑面而来的空气"。可能是速度太快的原因,风很大,吹得我睁不开眼。我闭上眼,体验着飞翔的感觉,那种奇妙真是难以描述。虽然速度很快,我却感到很安全,一点也不害怕。

如果说1830年是范妮生命中重要的一年,那么对其他人而言,这一年也是个转折点。就在这年,嗜酒成性的老国王乔治四世去世了。对他的生活方式,熟稔宫廷生活和社交活动的哈丽雅特·阿巴思诺特(Harriet Arbuthnot)女士,在日记里留下了下面的描述:

【4月23日】呼吸一不稳,他就脸色发黑,脉搏时快时慢。他们认为这是心脏的问题。10天前,他们把他带到户外,想让他换换空气。可到了门廊,他的情况变得更加糟糕,让他们吓得要死,以为他不行了。他们给他拿来白兰地,于是他又恢复了精神,爬上马车,跑了20英里……

一天夜里,他喝了两杯热麦芽酒,吃了几片吐司;随后是三杯红葡萄酒,外加草莓;之后又是一杯白兰地。昨天晚上,他们伺候他服了药,然后,他喝了三杯波特酒,外加一杯白兰地。怪不得他快挺不住了!不过,他们说,这些都是他要的,谁也拦不住。我觉得葡萄酒对他还没什么,但是麦芽酒和草莓混在一起,连马都受不了……

【7月16日】昨天,我去温莎参加了国王的葬礼……

1830年还见证了传统农业的波动,以及威廉·科贝特(William Cobbett)《乡村纪行》(*Rural Rides*)一书的出版。这本书堪称是对即将消失的一种生活方式的挽歌,也是对行动的召唤。科贝特本质上是个农民,只是偶然的机会才步入政坛。书中记录了他对英格兰南部进行的考察,里面含有不少对乡下人的长篇大论。

这是一次怀旧之旅。正如现在的人旅行时嫌公路太慢一样,科贝特对当时的公路不屑一顾。他和儿子骑着马,穿梭于英格兰农村的小路和田野间,边走边给儿子指点着某些地标,包括他和哥哥曾经玩耍过的沙丘。

这就是我接受教育的地方。那可是实打实的教育。时至今日,我依然坚信，如果我接受的不是那种或与其类似的教育，如果我长大成人后是个懦夫，整天需要别人照料，那么，今天的我，就会像那些从温彻斯特和西敏斯特学校出来的，还有从那些叫作学院和大学的傻子窝里出来的无聊白痴一样，愚蠢而又平庸。对那个沙丘，我怎么感谢都不过分。我感谢它给予我的能力，感谢它让我成为了一个令人生畏的人，一个能给这个国家或其他任何国家带来变化的人。

科贝特将工业化轻蔑地称为"那东西"，指责工业化给英国带来了厄运。当然，他对农村经济荒唐一面的评论，在今天的农民中，可能还会引起共鸣。到了阿伦戴尔，他这样写道：

> 到了这个镇上，我看到一种新型碎石方法。一个男人，手持大锤，砸着堆在路上的石块。这办法不错。不过，他告诉我，他只能干干这活，镇上还有好多男人没活干。"他们是给你报酬的！"我说。"没错。"他说。"那他们雇你去种地，不是更好吗？""我真说不准，先生。"他回答道。在我看来，当时地里至少还有一半干草没收。我跟他说话的时候，就有50多人在埃格雷蒙特勋爵的地里收草。的确，农民太穷，雇不起人。

1830年，托马斯·马尔萨斯（Thomas Malthus）的《人口论》（*An Essay on the Principle of Population*）再版。对此，科贝特嗤之以鼻。在书中，马尔萨斯教士，这位历史上遭误解最多的作家，描绘了由人口无节制增长所产生的贫穷及疾病横行的未来。他宣扬节制，鼓励那些担心饿肚子的家庭实行计划生育。

看一下1830年英国发展最快的两个地区，就能理解马尔萨斯那悲观预言的产生背景，这就是利物浦和曼彻斯特。在这两个地方，公共建筑

乔治·斯蒂芬森（1781—1848年），自学成才的英国铁路工程师。他的勇气和热情让范妮·肯布尔一见倾心。

的富丽堂皇与后街小路的暗无天日，形成了鲜明的对比。

当时的利物浦，已经发展为一个成熟的港口城市。早在1792年，洛德·厄斯金（Lord Erskine）就将其描述为"水边重镇，贸易繁忙，就像另一个威尼斯……这里的人们安居乐业，享受着工业发展带来的繁荣。"

从历史上看，在给利物浦带来巨大财富的三角贸易中，奴隶制度发挥了重要作用。18世纪，从这里开往西非的船只，带去了棉花制品和各种器具，之后把那里的奴隶贩卖到西印度群岛和弗吉尼亚，又满载蔗糖、朗姆酒、烟草和棉花回到利物浦。奴隶买卖废止后，人们津津乐道的是利物浦的富庶，但没人探究其原因。《戈尔编1832年利物浦指南》（*Gore's Liverpool Directory for 1832*）的作者是这样描述的："贩奴是最赚钱的买卖，大大提升了这个港口的财富和税收。不过，慈善家对此往往佯装遗忘，对英国上院通过的禁奴法令倒是称赞有加。"

在这份指南书中，作者先是就利物浦河口的深度及潮汐的频率给出了事实和数据，之后对利物浦的一切，从公共浴室到露天广场，从柱廊到烟草仓库，等等，不厌其烦地逐一列出了清单。全书充满了溢美之词。

陌生人来到利物浦，会感到目不暇接。……如果他到的是码头区，眼前的"舰队之林"会让他为之一振。这里有数不清的码头，注定要为这个城市带来无尽的商机。码头周围，到处是车水马龙，到处是令人艳羡的工业成就。踏进城区，映入眼帘的是高大的建筑和宽阔的街道，还有时尚的空气和豪华的马车，等等。这一切，会让他记起他所知的那些首都城市，会让他感到这里也毫不逊色。街道的宽度，似乎是出于对健康和舒适的考虑，认真计算后的结果。……贵族们的住房，商人们的住房，都比一般的宽敞许多，都有两三套的套房，里面的装饰风格也十分讲究，与主人的身份和财富相匹。其他住房，根据主人身份不同，各有千秋，但都体现着英国人对家庭的舒适和温暖的追求。

利物浦有数不胜数的公众娱乐场所，遍布全城的阅览室，众多的科研院所，还经常举办旨在提高人们文学品味的各种活动。

在宽阔的默西河口，凭借得天独厚的地理位置发展起来的利物浦，1830年正处于蒸蒸日上的时期。这一年，从这个港口城市9个使用着的码头的大门和转桥下经过的船只达11214艘（其中第9个码头，克拉伦斯码头，是在利物浦—曼彻斯特火车开通后的第二天开始投入使用的，以满足蜂拥而至的爱尔兰游客与商人的需求）。宏大的城市规模，庄严的古典式建筑，无不透露着自信。

不过，快速的发展是有代价的。1700 年，利物浦仅有 5145 人。到 1821 年，其人口已增长到 118972 人。随后的 10 年，又在此基础上增长了 40%。这不可避免地带来了后果。平均每 9 个人便有 1 人住地下室。贫民区里，水的供应控制在两家公司手里，其每周仅供水两次，每次半小时。

1830 年，曼彻斯特，利物浦的对手，另一个暴发户，伦敦之外人口最多的城市，更是承受着漫无计划的增长带来的种种后果。当时年仅 24 岁的德国激进作家弗里德里希·恩格斯（Friedrich Engels）正在写作《英国工人阶级状况》（The Condition of the Working Class in England）一书，曼彻斯特自然成为他关注的对象之一。该书于 1845 年出版。在描述了这个城市后街垃圾成山、肮脏不堪的状况后，他这样写道：

约翰·阿特金森·格里姆肖（John Atkinson Grimshaw）画笔下的利物浦码头。熙熙攘攘的街道，汽灯照亮的古典式建筑，无不体现着这个城市的繁华。然而，许多工人的家，是在昏暗的地下室，连自来水都没有。

曼彻斯特旧城就是如此。重读了一遍自己对它的描写，我应当说，我不仅丝毫没有夸大，而且正好相反，对这个至少住着两三万居民的区域，我还远没有把它的肮脏、破旧、昏暗和违反清洁、通风、卫生等一切要求的建筑特点十分鲜明地表现出来。而这样一个区域是在英国第二大城，世界第一个工厂城市的中心呀！如果想知道，一个人在不得已的时候有多么小的一点空间就够他活动，有多么少的一点空气（而这是什么样的空气呵！）就够他呼吸，有什么起码的设备就能生存下去，那只要到曼彻斯特去看看就够了。不错，这是旧城，和当地居民谈到这个人间地狱的可憎的状况时，他们就会强调这一点，但是这能说明什么呢？要知道，一切最使我们厌恶和愤怒的东西在这里都是最近的产物，工业时代的产物。

当时有位名叫詹姆斯·凯（James Kay）的大夫，也就是后来的詹姆斯·凯－沙特尔沃思（James Kay-Shuttleworth）爵士，对工厂附近大量的公寓房里的生活状况做了形象的描绘："这些房子排水很差，通风也差，而且没有厕所。结果那些狭窄而且坑坑洼洼的街道，就成了垃圾场和粪坑。"

在治疗曼彻斯特首例霍乱患者的过程中，詹姆斯大夫亲自体验了他所描写的这种不卫生的状况。而霍乱的产生正是由于食物或饮水受到了排泄物的污染。许多年后，在一份手稿里，他记下了当时一例病情的发展过程。

来到这所有两个居室的房子后，我看到一个爱尔兰人，躺在靠窗的床上。他的体温有点低，脉搏虽快，但很弱。他脸色苍白，神情沮丧，不过没有呻吟。在他身上，倒看不出霍乱的任何典型症状，不过照料他的人告诉我，这一天里，他越来越没力气，而又找不到什么原因，他于是怀疑自己得了传染病。我在他床边坐了一个小时，感到他的脉搏越来越弱。一小时后，已几乎感觉不到跳动。显然，他不行了。他妻子和三个孩子也都在，我们告诉她，要做最坏的思想准备。黄昏时，我让我年轻的外科助手去把停在附近的霍乱病人专用车叫来。这时，房子周围聚集了一群爱尔兰人，情绪激动。很明显，尸体越早运走越好，他家人也越早离开越好，这样我们就能封上房子，免得别人再进。夜幕降临后，病人好像没受什么罪，也没出现其他什么症状，便离世了。我们安慰了他妻子，让她和孩子们住院观察。这时，专用车忽然开到门前，不到一分钟，就载着死去的病

曼彻斯特浓烟滚滚的烟囱群。当时，棉花加工是曼彻斯特的主要产业，这个城市也被称为棉都。18世纪，曼彻斯特处于英国运河体系的中心位置，火车开通后，其快速增长得以延续。但过度的拥挤和脏乱，使其成了垃圾和疾病的代名词。约翰·拉斯金（John Ruskin）的这幅画，表现的便是这座城市的另一面。

人和他的遗属开走了，而周围的爱尔兰人还没有反应过来。

当时的曼彻斯特，还没有出现亚洲霍乱的病例。虽然这位患者并没有表现出任何典型的霍乱症状，但我相信，这种传染病已经光临，死去的患者便是首个牺牲品。诺特山医院原来是一家棉厂，后来搬走了机器，安上了病床。到这儿后，在一间昏暗的病房，我看到那位寡妇和她的三个孩子，还有一位护士，正围坐在壁炉边烤火。我向他们保证，这已经是最好的条件了。晚饭后，我们让两个大一点的孩子睡在靠近壁炉的床上，最小的一个还是婴儿，我们让他跟妈妈在一起。他们没出现任何症状，我于是离开病房，去吃点东西。回来后，我发现还在妈妈怀里的婴儿已经发病。午夜前，他发出一声微弱的呻吟，之后便死了。这位妈妈一下子紧张起来，害怕孩子是和他父亲死于同样的病因，因为除了母乳，他没吃任何东西，没服任何药。我和那位护士陪她一直坐到很晚，两个睡着的孩子也一直没醒。我觉得我可以去休息一会儿了。清晨6点，我回到病房时，另一个孩子已开始剧烈地抽搐，没过一会儿就死了。之后，第三个也是最大的孩子开始出现霍乱症状，一两个小时后也死了。白天里，这位妈妈也出现了霍乱的各种典型症状，未能幸免于难。这样，在24小时的时间之内，这一家人都没了。当时，我们还不知道，在曼彻斯特及其近郊，还有没有其他病例。

1832年的霍乱，是19世纪英国爆发的4次传染病中的首次。这4

次传染病，夺去了英国 3 万人的生命。像霍乱和伤寒这样的流行病，对任何贫困地区而言，都会带来生命上的巨大损失。不过，导致一个地方人口灭绝的传染病是罕见的。这一点，英国似乎不同于其他国家。这里的城市即使不断扩张，其健康水准也还说得过去。

对英国在工业革命期间为什么没有变成疾病肆虐的烂泥塘，参与本书的历史学家之一艾伦·麦克法兰有着自己的解释。他的答案出人意料，这就是英国人的饮水习惯。英国人对啤酒和茶的偏爱，可能挽救了许多人命。水是主要的传染源，但无论酿造啤酒，还是泡制红茶，都有一个把水烧开的过程，从而起到了消毒的作用。在他的《为了和平的野蛮战争》（*The Savage Wars of Peace*）一书中，麦克法兰教授引用了法国旅行家索绪尔（César de Saussure）1726 年所记下的一段话：

有一点你可能难以置信：伦敦虽然供水充分，而且质量不错，但却没人喝。即使平头百姓，甚至穷人，都不靠水解渴。在这个国家，人们只喝啤酒。根据质量不同，啤酒分两三种。其中小罐的人人都喝，用于解渴，包括上等的家庭，每罐只要 1 便士。另外一种叫作波特，意思是运输工，主要是工人消费。

即便是慈善机构，发给孩子们喝的也是啤酒。一直到 18 世纪中期，红茶取代啤酒成为日常饮品后，这种情况才告结束。塞缪尔·约翰逊（Samuel Johnson）就承认，自己是个"铁杆茶迷"，"在过去 20 年的时间里，我每顿饭都有用这种神奇的植物叶子所泡制的液体相伴，甚至连茶壶都冷不下来。有了茶，晚上就有了消遣；有了茶，午夜也有了安慰；有了茶，每天都有新鲜感"。

有人说当时茶太贵，长期喝的话，一般人喝不起。对此，麦克法兰给出的解释是，穷人只买最便宜的茶，而且只做淡茶，仅放几片茶叶。与酿造啤酒要用蒸馏水类似，喝茶也是用开水。茶里的鞣酸是一种酚，具有杀菌作用，因而有效地阻止了细菌的入侵。

麦克法兰就英国和日本做了详尽的比较研究，其结果便是他上面提出的理论：英国人在饮水方面的习惯，给他们带来了健康。历史上，这两个国家的人都喝茶，他们的人口死亡率都比较低。麦克法兰认为，"喝茶的过程，也是个不断消毒的过程"。

因此，相对而言，日本也像英国一样，疾病较少。日本人不仅健康，而且勤劳。1830 年的东京，已经发展为一个繁华的贸易中心，规模不亚于伦敦。但日本要再等上半个世纪，才会迎来自己的工业革命。英国的"火箭号"投入使用的时候，日本不仅还没有火车和发动机，而且觉得带轮子的东西没什么必要。本书的第四章和第五章，我们会回溯千年日本历史，专门探讨这一差异的根源。

在《1066 及其他》（1066 and All That）这本历史书里，塞勒（W. C. Sellar）和叶特曼（R. J. Yeatman）两位作者，给英国工业革命起了另一个名字：工业大发现。他们对此做了这样的描述："（这一时期）出现了许多重大发现和发明。其中最应记住的是，英国的全体有钱人同时发现，妇女和儿童每天可以在工厂里做工 25 小时，也不会有多少死伤。这就是工业大发现，这给英格兰北部带来了巨变。"

历史学家霍布斯鲍姆（E. J. Hobsbawm）说过的一句话，"谁谈工业革命，谁就会谈棉花"，后来成了历史上的名言。19 世纪 30 年代重要的机器进步，大多发生在刚刚成为棉花加工中心的曼彻斯特。1832 年，也就是霍乱爆发的那年，詹姆斯·凯-沙特尔沃思爵士出版了《曼彻斯特棉厂工人阶层的道德和身体状况》（The Moral and Physical Conditions of the Working Classes employed in the Cotton Manufacture in Manchester）一书。书中，他这样写道："机器一开动，工人就得做工。无论男工、女工还是童工，都跟钢铁和蒸汽拴在了一起。这些动物机器（即工人）并非无坚不摧，事实上如果哪天坏掉了对他们来说可能是最好的结局，他们承受着各种各样的痛苦，并且被牢牢地与钢铁机器绑在一起，而钢铁机器是不知疲倦、也不会抱怨的……"

当时的其他记录，往往带着赞美的口吻，但不论有意还是无意，也流露着对机器化非人性一面的议论。供职于《利兹水星报》（Leeds Mercury）的爱德华·贝恩斯（Edward Baines），在他 1835 年出版的《英国棉花加工史》（History of the Cotton Manufacture in Great Britain）一书中，就这样写道：

这幅版画表现了一家棉厂的工作状况。画面后方是手持皮鞭的监工；前面，一个女孩正从开动着的机器下面爬出来。这是 1840 年的一本书里的插图，书名是《迈克尔·阿姆斯特朗历险记》（The Life and Adventures of Michael Armstrong），讲的是一个童工的故事。

从开棉、清棉、摊棉、梳棉、剥绒，到漂白、分梳、粗纺、轧花、细纺……，这一切都是由长着铁牙、铁手指、铁轮子的机器完成的。这机器有使不完的劲，不停地高速运转。这些流程也都同时进行，一个流程赶着另一个流程。所有这些操作，都是由安放在厂房里的发动机提供动力，其所需的是源源不断的水和燃料，一天的运转所产生的动力，可能与100匹马的力量相当。整个过程中，人所做的只是照看机器，保证其正常运转，并做一些辅助性的工作，同时检查有无故障——这里一个人干的活，60年前要200~300人来干。

现代历史学家往往低估1830年前的工厂所产生的影响，他们认为乡下的手工劳动和户外劳作发挥了重要作用。但毫无疑问，被吸引到新兴工业地区的成千上万人，其生活发生了巨变。对只需水、蒸汽和劳力即可运转的棉厂而言，工头也有必要。许多的家庭，几乎把所有的时间都用在了照看这新式的纺织机器上，甚至连6岁的孩子，也承担了一些琐碎的任务，例如清理机器下面挂上的细小棉绒。这活可不怎么样。

一天下来，棉厂的工人就变成了雪人，身上沾满了空气中飘着的棉花纤维。梳棉车间的工人，还容易染上"梳棉哮喘"病，呼吸上气不接下气，往往年纪轻轻就离开人世。严重的噪音，使许多人丧失了听力，也催生了一整套车间里专用的手语。未经工头允许，机器操作人员不能离开岗位，上厕所也不行。即便是孕妇，孕期里也都在上班，而且产后第二周就又回厂，以免工作不保。她只盼着赶上一个宽容的工头，能够让她给新生儿喂奶。

棉厂的一个普遍问题，是要保持一定的湿度，以免棉线崩断。织工往往站在比地板高出一些的木板上，整个车间通过在地面上铺设管道系统加热，以产生水蒸气；成桶成桶的水要洒到地板上，以保持桑拿效果。夏天，车间内的温度会升到摄氏26度以上。而冬天，情况恰恰相反。科尔恩的一位女工回忆道："车间的温度，也就是不至于把人冻死。纺线线头总掉，我最怕的就是这个。兰开夏郡的织布机都是铁做的，冷冰冰的，手很快就变得冰凉，凉得连线头都系不上。"

在这种环境下连续工作12个小时，不仅不舒服，还很危险。对此，恩格斯有着切身体会。当时，为了写作《英国工人阶级状况》，他在曼彻斯特的一家棉厂找了一份工作。

我曾经在曼彻斯特一家棉纺织工厂里工作过,在这个工厂的水力纺纱机车间里,就我的记忆所及,没有一个长得匀称的高个子的女孩子;她们都矮小,发育不良,胸部狭窄,体形很难看。除了所有这些疾病和畸形,工人还会成为残疾人。机器上的工作常常酿成许多相当严重的不幸事件,使得工人暂时或永久地失去工作能力。最常见的是一个手指被轧碎了

> 1836年英国一家工厂的工人守则。这种守则由工头负责执行,目的是打造机器般高效的工人。这张守则曾被撕过,底部有些模糊不清。

RULES
TO BE OBSERVED IN THE
POWER-LOOM
Manufactory,
OF
W. & R. Turner, Helmshore.
WITH
A List of FINES attendant on neglect thereof

APRIL 1836.

	S.	D.
Any *Weaver* or *Spinner* being absent Five Minutes after the Bell Rings,	0	3
If absent more than Five Minutes, or entering the Room before the Bell Rings,	1	0
Any *Weaver* or *Spinner* allowing Ends or Pullings to lay upon the floor,	0	3
Any *Weaver* or *Spinner* allowing Bobbins to lay upon the Floor, or otherwise than in Skip or Jenny,	0	3
Any *Weaver* mixing the Warp Ends with the Weft Pullings,	0	2
Any *Weaver* taking away the Weft of another,	0	3
Any *Weaver* taking or exchanging Shuttles,	0	3
Any *Weaver* mixing empty Bobbins with full ones,	0	2
Any *Weavers* quarreling, each	1	0
Any *Weavers* fighting or striking each other, each	1	0
Any *Weaver* or *Spinner* leaving the Room between Bell Hours, except by leave,	1	0
Any *Weaver* after having downed or finished his or her Piece, neglecting to put in all the Pullings and rolling them up (Warp and Weft separate) in his or her Piece	0	6
Any *Weaver* leaving his or her Loom and going to that of another,	0	3
Any *Weaver* neglecting to weave up his or her Bobbins (except when they cannot be done, and the fault is in the Spinning, and in that case to be determined by the Overlooker) per Bobbin,		
If the fault is in the Spinning, the Spinner to forfeit for every such Bobbin or attempt his or her Loom or Looms, wept on ring, and any *Weaver* or		

一节,比较少见的是整个手指、半只手或整只手、整条胳膊等被轮子卡住并且被轧碎了。受了这些伤——甚至只是无关紧要的伤——以后,往往染上破伤风,因而死亡。在曼彻斯特,除了许多畸形者,还可以看到大批的残疾者:这个人缺一只或半只胳膊,另一个人缺一只脚,第三个人少半条腿。简直就好像是生活在一批从战争中归来的残疾者里面一样。

当然,并非所有的工厂主都像恩格斯描绘的资本家那样冷酷无情。在慈善机构的推动下,英国出台了《工厂改革法》等相关法案,以限制工人的劳动时间,保障其子女的教育。有些工厂主还主动采取了措施。在柴郡的斯戴尔村,有一家夸里·班克棉厂,曾经是英国历史上最大的棉厂之一,现归国家信托所有。今天来这里的参观者还能看到学徒房。当时的学徒房是 100 个流浪儿童的家。这些孩子白天在厂子里干 13 个小时的活,晚上去上贫民儿童学校。他们两人一张床,床单每月换一次。按当时的标准,这已经相当不错了。这所棉厂,连同周围掩映在河畔绿树中的模范村庄,是很值得一去的景点。

1835 年,格拉斯哥大学教授安德鲁·尤尔(Andrew Ure)出版了《制造的哲学》(*The Philosophy of Manufactures*)一书。他是斯戴尔棉厂等类似工厂的狂热的支持者。经当事人同意,他在书中记下了工厂里的年轻学徒周日到教堂做礼拜的情况。"星期天来教堂的其他人,人数也很多,不过都是乡下人。跟工厂的小学徒们一比,他们显然相形见绌。他们穿的不行,精神状态不行,在礼拜仪式上的表现也不行。"

接着,他详尽地描述了斯戴尔棉厂的学徒在学习和生活方面的安排(包括他们每天都能吃上火腿等细节)。

格雷格兄弟(工厂主的名字)向来都是亲自安排男孩子们的学习,他们的姐妹则安排女孩子的学习,教她们读书、写字、做算术、做针线活,还有其他的家务。这些学徒的健康状况,是其他任何行业的工人阶层都无法比的。摆在工厂理事们面前的健康证书表明,这里的死亡率是 1/150,只是兰开夏郡平均死亡率的 1/3。

这些工厂主觉得,工人们的条件已经相当优厚了:住房、花园,还有教育,以此换取艰苦而危险的劳作。实际上,工人们的选择余地很小。工厂出现之前,纺织工业依靠的是单个的织工。但在棉厂里,一个没有什么技术的操作纺织机的工人,都要比在家单干的织工多生产10倍的布,因此工厂逐渐占了上风。但工人的工资降到了新低,仅为20年前的40%。贸易上的萎靡不振,更是雪上加霜。而且,由于单干的织工大多住得比较集中,可能会有一片一片的地方相继陷入失业的阴影。举例而言,1829年5月的第一个星期日,在伯恩利教区,没有一例婚礼在教堂举行,而此前每个周日平均都有15~20例。当月6日的《布莱克本邮报》(Blackburn Mail)对此做了报道,之后评论道:"出现这种反常情况,没什么其他原因,只能是因为工人们的极度贫困和不幸。"

对家庭破裂的担心,对人们离家进城的担心,比比皆是。日子已不再按日出日落来过,也不再按季节的变换来过。工厂的铃声和汽笛声就是一切,因为工厂主关心的,就是对工人和机器的充分使用。如果迟到5分钟,你就会被罚款;不过你要是来得太早,也会被罚款。时间就是金钱,已是名副其实。

这样,对时间的准确计量,就变得比过去任何时候都更为重要。老式的"地方时间"下,几乎每个钟表的时间都不一致,这显然与效率的要求不符。由于全国没有统一的时区,公共马车司机往往使用一种特制的表,会根据前往的方向不同而走得快些或慢些。这在1750年前后还管

这张照片重现了柴郡的夸里·班克棉厂当年的工作场景。

火车车头成了游乐场的新宠：理查德·特里维西克开设在伦敦尤斯顿广场的游戏——你抓不到我。来自康沃尔郡的特里维西克（1771—1833年），在蒸汽机的改进上，投入了大量精力，不过，他的努力并未得到多少认可。

用，当时从伦敦到曼彻斯特要80个小时。到了1845年，高效的铁路网，已将此缩短至8个小时。这就需要更为有效的计时系统，于是"铁路时间"应运而生。

在西方，对时间的日益关注，催生了一种全新的生活方式，其中包括新教徒的作息制度。这也是工业革命的起因之一。另一个起因是计时技术。在1830年的中国，钟表存放在皇宫里，仅仅是皇帝的玩具。在本书第四章，我们会看到，这是中国长达5个世纪的技术停滞的原因之一。

虽然说来有些出人意料，但19世纪，英国在世界钟表业中处于领先地位，利物浦则是其中心。1800年之前，这里有2000多人从事钟表制造。他们平均每周生产150块表，质地精良，甚至出口到日内瓦。

英国历史学家西蒙·谢弗认为，破解工业革命起因之谜，部分答案存在于3个貌似互不相干的因素：大炮、钟表和啤酒。在这3个领域，英国都曾处于领先地位。以"火箭号"这种蒸汽机车为例：从事大炮制造的英国工程师，早就掌握了一种精密技术，能把活塞严丝合缝地安到汽缸里，从而形成密封。英国的钟表师，也知道怎样把杠杆的上下运动转化为圆周运动。英国的酿酒师，也有办法让蒸汽压力保持稳定，而不至于喷到脸上。于是，故事又回到了啤酒上！

在大多数人心目中，蒸汽在工业革命过程中发挥了关键作用，"火箭号"便是其代表。实际上，只是出于历史机遇，加上乔治·斯蒂芬森的高超演技，蒸汽才有了这种地位，而斯蒂芬森本人，也被尊为英国的"铁路之父"。

当时，蒸汽机车已不是什么新概念。早在 1804 年，康沃尔郡的采矿工程师理查德·特里维西克（Richard Trevithick），就曾设计了这样的一个机车，拉着 10 吨的货物，在梅瑟·蒂德菲尔的潘尼达伦铁矿厂与格拉摩根郡运河间 10 英里的轨道上，做了一次试运行。有些人因为不懂摩擦原理，对铁轮在铁轨上运行而不会打滑持怀疑态度。特里维西克的试验证明了他们的错误。不过，人们对他的发明好像没太在意——可能是由于宣传工作做得不够。即使他把机车带到伦敦，让人们试乘，也并未引起轰动。

相比之下，乔治·斯蒂芬森则颇具眼光，对公共宣传处理得当，这使他成为当时的名人。借助于塞缪尔·斯迈尔斯（Samuel Smiles）这位维多利亚时代的神话制造者，矿工的儿子斯蒂芬森声名鹊起。直到近期，历史学家们才意识到，与他的儿子罗伯特·斯蒂芬森相比，与他的合作者相比，他占去了太多的光环。1991 年 9 月 11 日的《独立报》（Independent），其头条标题是《历史学家让斯蒂芬森坐上了火箭》。这篇文章认为，斯蒂芬森不应独占 5 英镑纸币上头像的位置，而应与其他工程师分享。达勒姆的一位历史学家，把斯蒂芬森比作今天的日本汽车制造商："他到处走，到处看，看到别人的发明，就说，'这个不错，我也用用'。"

作为 1825 年开通的斯托克顿到达灵顿铁路，以及利物浦到曼彻斯特铁路的总工程师，乔治·斯蒂芬森无疑参与了其中一些重要过程。不过，"火箭号"的成功，则应归功于他的儿子罗伯特·斯蒂芬森。"火箭号"在雨山这个地方的成功运行，开创了蒸汽机车的未来。

早在利物浦到曼彻斯特的铁路尚未建成之时，主管人员便开始考虑采用何种动力驱动的问题。为此，他们拿出 500 英镑的奖金，奖励"对现有蒸汽机车的重大改进"。这则刊登在

罗伯特·斯蒂芬森（1803—1859），"火箭号"的设计者。他的名声，被他父亲乔治·斯蒂芬森掩盖了不少。后来，他又去从事桥梁设计，也曾经从政。

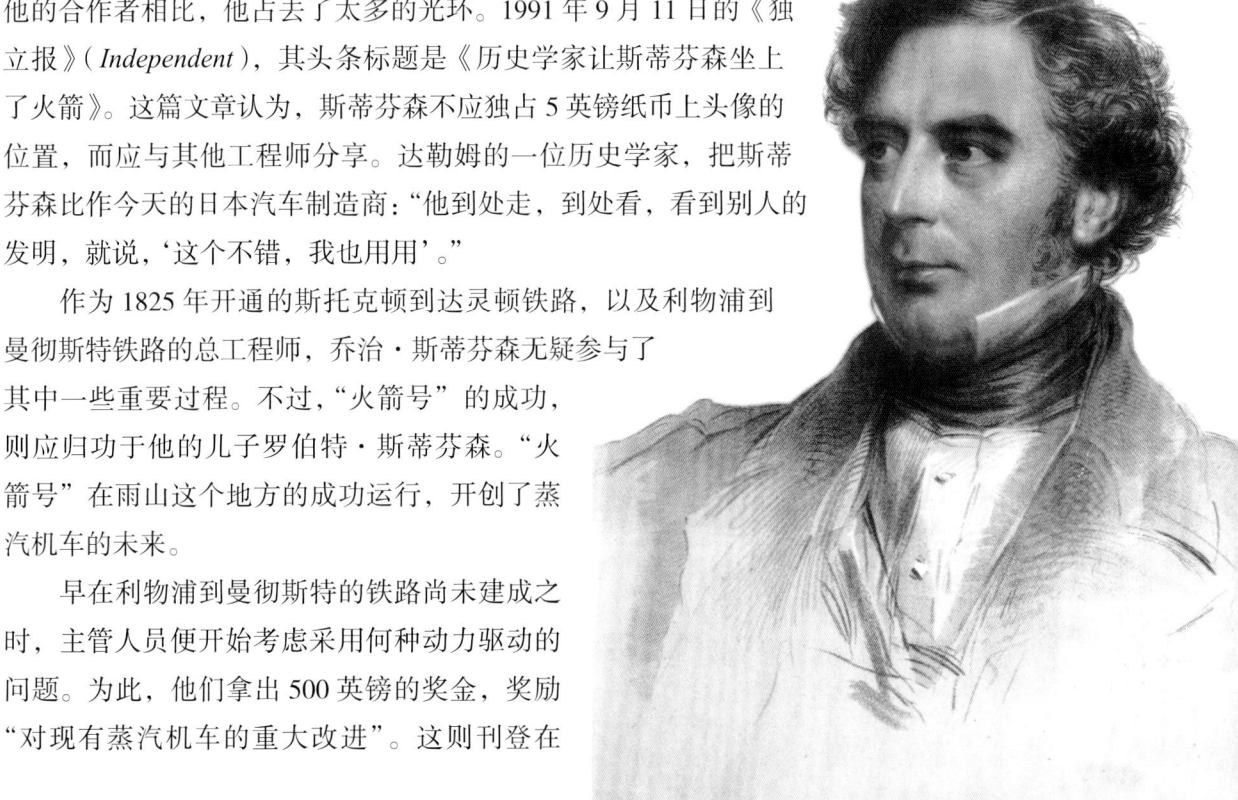

（对页）雨山实验的比赛规则及主要的三个参赛机型。这一实验的目的，是为了决定新建的铁路采用哪种动力。当时不少人在看中的机型上下赌注，整个气氛就像跑马场。

1829年5月1日《利物浦水星报》（Liverpool Mercury）上的广告，对象是工程师和铸铁工。参赛的发动机，要在雨山桥曼彻斯特一侧的一段轨道上进行比试。每个参赛机车的发动机，重量不能超过6吨，有效蒸汽压力不能超过每平方英寸50磅（1英寸等于2.54厘米，1磅约等于0.4536千克），造价不能超过550英镑。这些机车要在1.5英里长的轨道上，承载着相同的重量，跑上10个来回。之后加燃料加水，稍事休息，再重复相同的程序。最后的总长度，应当是曼彻斯特到利物浦的往返距离。

这一比赛，吸引出了各式各样的发动机。铁路公司的会计亨利·布思（Henry Booth）后来做了这样的回忆：

从哲学教授，到最低级的机修工，每个选手，都对参赛充满了热情。英格兰、美国、欧洲大陆，都有各自的选手。每个元素，甚至每个部件，都被充分利用，服务于比赛目的。承载物之间的摩擦被降到最低，用一根丝线就可以拉动它们。产生的电力则十分强大，以致电缆都难以承受。氢气和高压蒸汽——水柱和汞柱——100个大气压和严格的真空——集中发动但既不冒火也不冒气的机器，一头发电，一头供电——车轮套着车轮，以提高速度，节省电力——复杂的平衡与力的相抵……这些，便形成了似乎登峰造极的永动。

据估计，这一比赛吸引了10000～15000人参加。有趣的是，当时许多人，把这场持续9天的实验描述得就像赛马。而参赛的机型之一"轮足机"，恰由两匹马通过传送带驱动，与马车也没什么大的区别。另一个参赛的机型"手动车"，则是直接靠人力驱动。不过，对"轮足机"实用性的质疑，对"手动车"把人当成动物使用的道德争议，使得这两款机型早早便被淘汰。

更为强有力的竞争者，则是蒸汽时代的大铁马："火箭号""无敌号"（这款机车实际超重，不过仍允许参赛）、"毅力号"（这款机车在来的路上受损，时速最高6英里）以及"新奇号"。一开始，人们更看好"新奇号"。但其制造者做了一项不明智的决定，他们把机车拆装后再重新组装，想借此提高其性能。这项工作持续了三天三夜。进入比赛后，一个锅炉上刚刚黏合的接缝处崩裂了，断送了大好的机会。成功的大门就这样向"火箭号"敞开了。为了显示速度和灵便，"火箭号"还特意漆成了邮车样式。

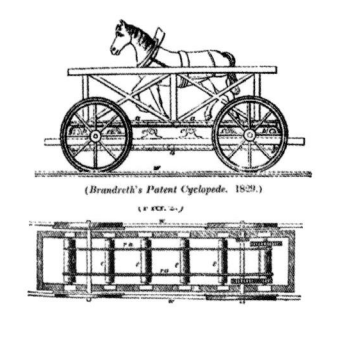

上图是由利物浦的一位律师发明的"轮足机"，由马提供动力。这一装置并不实用，因为时速超过5英里后，传送带上的马就难以坚持。

1829.

GRAND COMPETITION
OF
LOCOMOTIVES
ON THE
LIVERPOOL & MANCHESTER RAILWAY.

STIPULATIONS & CONDITIONS

On which the Directors of the Liverpool and Manchester Railway offer a Premium of £500 for the most Improved Locomotive Engine.

I.

The said Engine must "effectually consume its own smoke," according to the provisions of the Railway Act, 7th Geo. IV.

II.

The Engine, if it weighs Six Tons, must be capable of drawing after it, day by day, on a well-constructed Railway, on a level plane, a Train of Carriages of the gross weight of Twenty Tons, including the Tender and Water Tank, at the rate of Ten Miles per Hour, with a pressure of steam in the boiler not exceeding Fifty Pounds on the square inch.

III.

There must be Two Safety Valves, one of which must be completely out of the reach or control of the Engine-man, and neither of which must be fastened down while the Engine is working.

IV.

The Engine and Boiler must be supported on Springs, and rest on Six Wheels; and the height from the ground to the top of the Chimney must not exceed Fifteen Feet.

V.

The weight of the Machine, WITH ITS COMPLEMENT OF WATER in the Boiler, must, at most, not exceed Six Tons, and a Machine of less weight will be preferred if it draw AFTER it a PROPORTIONATE weight; and if the weight of the Engine, &c., do not exceed FIVE TONS, then the gross weight to be drawn need not exceed Fifteen Tons: and in that proportion for Machines of still smaller weight—provided that the Engine, &c., shall still be on six wheels, unless the weight (as above) be reduced to Four Tons and a Half, or under, in which case the Boiler, &c., may be placed on four wheels. And the Company shall be at liberty to put the Boiler, Fire Tube, Cylinders, &c., to the test of a pressure of water not exceeding 150 Pounds per square inch, without being answerable for any damage the Machine may receive in consequence.

VI.

There must be a Mercurial Gauge affixed to the Machine, with Index Rod, showing the Steam Pressure above 45 Pounds per square inch; and constructed to blow out a Pressure of 60 Pounds per inch.

VII.

The Engine to be delivered complete for trial, at the Liverpool end of the Railway, not later than the 1st of October next.

VIII.

The price of the Engine which may be accepted, not to exceed £550, delivered on the Railway: and any Engine not approved to be taken back by the Owner.

N.B.—The Railway Company will provide the ENGINE TENDER with a supply of Water and Fuel, for the experiment. The distance within the Rails is four feet eight inches and a half.

THE LOCOMOTIVE STEAM ENGINES,
WHICH COMPETED FOR THE PRIZE OF £500 OFFERED BY THE DIRECTORS OF THE LIVERPOOL AND MANCHESTER RAILWAY COMPANY.
DRAWN TO A SCALE ¼ INCH TO A FOOT.

THE "ROCKET" OF MR. ROBT. STEPHENSON OF NEWCASTLE,
WHICH DRAWING A LOAD EQUIVALENT TO THREE TIMES ITS WEIGHT TRAVELLED AT THE RATE OF 12½ MILES AN HOUR, AND WITH A CARRIAGE & PASSENGERS AT THE RATE OF 24 MILES.
COST PER MILE FOR FUEL ABOUT THREE HALFPENCE.

THE "NOVELTY" OF MESSRS. BRAITHWAITE & ERRICSSON OF LONDON,
WHICH DRAWING A LOAD EQUIVALENT TO THREE TIMES ITS WEIGHT TRAVELLED AT THE RATE OF 20¾ MILES AN HOUR, AND WITH A CARRIAGE & PASSENGERS AT THE RATE OF 32 MILES.
COST PER MILE FOR FUEL ABOUT ONE HALFPENNY.

THE "SANSPAREIL" OF MR. HACKWORTH OF DARLINGTON,
WHICH DRAWING A LOAD EQUIVALENT TO THREE TIMES ITS WEIGHT TRAVELLED AT THE RATE OF 13½ MILES AN HOUR. COST FOR FUEL PER MILE ABOUT TWO PENCE.

当然，这一机型还远非完美，不过，从它满载着铁路公司管理人员吱吱轧轧地开上雨山坡道的那一刻起，"火箭号"便为未来开启了一种模式。在那之前，人们一直以为，把货物拉到高处需要固定发动机。现在，事实证明并非如此。

利用公众对这次比赛的兴趣，在1830年9月15日火车正式开通前几个月的时间内，铁路公司对潜在的客户开放了雨山试乘活动。托马斯·克里维（Thomas Creevey）便是参与者之一。在1829年11月14日的日记里，他做了如下记录：

建造雨山斜交桥的目的是保证一条与铁路相交的公路不受影响。与当初的罗马人相似，利物浦至曼彻斯特铁路的设计者，喜欢按直线修筑，这在技术上有一定挑战。不过以此为题材的雕刻，在当时是颇受欢迎的纪念品。

今天，我们可算是得到了一次高级享受。昨天，威尔顿女士从诺斯利来信儿，说中午12点，火车会准备就绪，供诺斯利来的人乘坐，同时邀我们全家参加。于是，我们分乘3驾马车，按约定时间来到了指定地点。随后，大家坐火车行驶了5英里，用时仅15分钟——也就是说，时速为20英里。对此，我很满意，但并不能称之为享受。我此行主要想看看火车的速度，所以从始至终，一直把表拿在手里。我的表有分针，所以时间上不会错。我的车夫和火车管理员也在同时计时，结果，我们得出的结论，连1秒的区别都没有。不过，据我观察，在这5英里的行驶过程中，他们偶尔会让发动机熄火，偶尔又会让它拼命转。我们一度开到每小时23英里，感觉依然像速度没这么快时一样，运转顺畅，毫不费力。但这么高的速度，让我很是害怕。这简直就是在飞。我一直在想，这要是发生任何轻微的故障，我们也就都没命了。这让我有点头疼，到现在还没恢复……

机车冒的烟微不足道，不过时不时会冒火星。有颗火星溅到了罗斯小姐的脸上，另一颗把玛利亚女士的丝质上衣烧了个洞，还有一颗溅到了另一个人的礼服上。但总的来说，能够目睹这一奇迹，能够乘火车走这么长的路，我还是非常高兴的。假如此前我对这玩意儿不怎么看好，出于好奇，我也会去试试的；但现在已经试过后，我觉得有这一次也就够了。

这段看着有点小人物式的描述反映了十分有趣的一面，那就是他谈到了女士，而女士恰恰是铁路公司极力鼓动去试乘的对象，目的是克服业已产生的一种偏见。范妮·肯布尔对沿着铁路飞奔的"咆哮的小兽"那近乎狂想曲般的描述，与她母亲在火车开通那天的恐惧相比，后者要更具代表性。"一开始分配座位时，我不幸没跟母亲分到一起。后来，她跟我旁边的人换了座位。当时我正在兴头上，却发现她已经吓得半死，想的只是万一出事怎么逃生，不然，她本人和全车人，都会遭到灭顶之灾。"

利物浦至曼彻斯特铁路筹划的前期阶段，偏见与热情一直是并存的。英国议会下院在讨论修建铁路所需的议会法案时，就有不少反对意见。弗朗西斯（J. A. Francis）在其1851年出版的《英国铁路史》（*The History of the English Railway*）一书中，记录了其中部分意见：

（铁路一修），造马车的怎么办？造马具的怎么办？还有车主、车夫、小酒店老板、驯马师、马贩子，他们都怎么办？连乡绅们那舒服、漂亮的房产也会被糟蹋的。

下院知不知道，机车以10～12英里的时速经过的时候，会产生多么大的噪音，冒多少黑烟。钢铁价格至少会翻番，甚至会用光。这将是人类能够发明出来的最令人讨厌的玩意儿。

有人跟乡绅们说，火车经过的时候，车头冒出的黑烟，会熏死飞鸟。还有人说，机车太重，跑不起来；制造商则听说，火车烟囱冒出的火星，利物浦至曼彻斯特铁路公司的股票证书，发行于 1826 年议会通过"铁路建设法案"之后。图案右侧是曼彻斯特交易所大楼，背景是冒着浓烟的工厂烟囱；左侧是利物浦。

会烧坏他们的产品。老一辈的人担心他们会被火车轧死；女士们害怕坐骑碰上火车会惊。据说奶牛都会不再产奶。

面临失去土地的农民，担心自家景观被破坏的乡绅，对火车可能带来的影响，都喜欢夸大其词，目的是获得大笔的赔偿。但更为急迫的忧虑，则是来自于运河系统的持股者和所有人，以及马车行业所养活的那些人。他们的担心不无道理。

修筑这条铁路的目的，是在英国最大的港口和其工业生产的中心城市之间建起一道钢铁脐带。此前，把原棉从利物浦运到曼彻斯特远没那么直接。从 1760 年到 1830 年，每隔 20 年，棉花贸易就翻番。工业革命早期，运河一直是运输动脉，但已逐渐跟不上需求。有时，货物在路上要走 21 天，这比从美国到利物浦的时间还要长。从 1830 年开始，铁路的出现，大大提高了运输效率，仅仅几个小时就能把棉花从码头运到加工厂。

不过，即使政府批准了修建铁路的计划，实际困难还是不少。这条线路经过之处，有些地方对铁路持反对态度。为避开抗议的人群，勘测人员干脆改为夜间工作，但仍于事无补。有桥梁甚至是高架桥要建，有路堤要修，有时要在岩石中间开路，此外还要穿过一片沼泽地。

正是位于查特莫斯的这片沼泽地，几乎证明乔治·斯蒂芬森从那场无止无休的，甚至延迟了开工的辩论中撤出是正确的。范妮·肯布尔，在她的《少女时代》(Record of a Girlhood) 一书中，似懂非懂地记下了斯蒂芬森给她讲述的情况：

第一章 铁马

1天

他是个很严肃的人，表情忧郁，脸部轮廓分明；说起话来，带着很强的诺森布兰郡口音。他那温顺的巨龙沿着铁轨喘着粗气向前飞奔，他就在车厢里，跟我讲了他的故事。故事是那么引人入胜，甚至《一千零一夜》的故事都要比其稍逊一筹。他很谦逊，对我那些幼稚的问题，都能耐心回答。听着他的讲述，我眼里充满了同情和喜悦的泪水。他讲到了他在希望和恐惧之间的摇摆，他经受的考验和打击以及他在议会的遭遇。当初，议会那些人，仅凭书本知识，就对他的设想横加阻拦。在查特莫斯沼泽地的问题上，议员们的质疑让他哭笑不得，他只好大声问："船浮在水上，你们都见过吧？我会让我的铁路，浮在这片沼泽地上！"知识渊博的议员们（其中有些可能不希望铁路靠近他们的私人领地），不相信会有这样的奇迹。但精明的利物浦商人，出于巨大的利益诱惑相信他的话。于是铁路建成了。而我有幸和铁路的总设计师一起乘坐，这份荣耀，这种快乐，即使拿铁路公司的股份来跟我换，我也不会换的。

斯蒂芬森的高度自信，掩盖了刚刚解决的一个难题。查特莫斯是一片典型的透水沼泽地，水深10～35英尺（1英尺等于0.3048米）不等，下面则是坚硬的黏土层。铁路工人得在靴底绑上木板，连马蹄也要系上

查特莫斯沼泽地的路堤。这片渗水的泥沼，面积12平方英里。开始时，有人认为无法穿越。勘测员第一次来的时候，从铺架起来的木板上滑了下去，不得不求助于附近的挖土工拽他上来。

一种特制的蹄套以免陷入泥潭。托马斯（R. H. G Thomas）在《利曼铁路》（*The Liverpool and Manchester Railway*）一书中描述到，铁路要经过那里的一个叫作黑潭洞的水坑，工人们淘了整整 3 个月的水，水量却没任何变化。后来，他们砍伐了附近一个种植园里的松树，把树干做成鱼骨状的筏子，浮在水面上以支撑铁路路基。

铁路的修建，总共花去 1352950 英镑。开支如此巨大，难怪铁路公司的董事和股东要举办一个盛大的开通仪式来庆祝。早在 7 月份，他们就发出了邀请，受邀的客人中包括 4 位未来的首相。整个名单看起来就像是 1830 年版的《政界名人录》（*Who's Who in Politics*）。英国首相威灵顿公爵答应参加典礼，主办方为这位贵宾准备了一辆"豪车"。当时的《利物浦水星报》以充满敬畏的语气描述了这辆豪华马车：

这架马车真是气派，周边布满了漂亮的装饰；高级希腊式卷帘，镀金栏杆，宽阔的扶手，围绕着中间那为客人专设的土耳其式座椅。一面 24 英尺长的硕大华盖，由数根镀金柱子支撑，碰上隧道就能降下来。帐幔的布料是深红色的，顶上则是公爵的冠冕。车身有 32 英尺长、8 英尺宽；车轮是铁的，有 8 个之多。

陪同首相一起来的客人之一是威廉·赫斯基森（William Huskisson），利物浦的国会议员，此前还曾担任过内阁部长。他为利曼铁路法案在议会的通过立下了汗马功劳。议会辩论中，许多时候他是唯一的支持者；不过，他最后因为铁路搭上了性命。

早在典礼前几天，通往利物浦的路上就挤满了前来围观的人。不少商家赶制了纪念杯、纪念章及其他各种小摆设向路人兜售。人们爬上那些容易上的楼顶，寻找最佳观赏点。据《曼彻斯特邮报》（*Manchester Courier*）报道，离铁路桥不远的一家染坊，揭去了房顶所有的石板瓦"接纳了一大群女士来到顶楼。她们纷纷从屋顶伸出头去，都想找个最佳角度"。新近富裕起来的中产阶层，则花钱去买沿线搭建的看台上的座位。按主办方把来宾分为三六九等的做法，女作家舍伍德夫人（M. M. Sherwood）和另外 1000 人一起被安排到桑基高架桥上的看台。她回忆道："我们的座位，都是花 3 先令 6 便士买来的。虽然要等上一段时间，我们一点也不觉得枯燥。坐在周围的女士，叽叽喳喳说个不停，但没听到一个

这枚纪念章，上面镌刻的是穿越桑基运河的铁路高架桥。这是一座砖石结构的桥，高 70 英尺。

兰开夏郡的口音；看台下面的人群，也没有任何你推我搡的情况发生。他们买的是站票，只需 6 便士。"

每位乘坐火车的客人，上车前都拿到了一份"日程表"。伴着威灵顿和声乐队的音乐，在国王仪仗队的列队陪伴下，客人们登上了火车。威灵顿公爵上车时，每个车厢配备的鼓号手，奏起了《征战英雄凯旋曲》，以迎接这位滑铁卢之战的英雄。

公爵、董事和其他贵宾，拿的都是印着金色字体的蓝色车票。他们乘

ORDERS OF THE DAY.

LIVERPOOL, SEPTEMBER 15th, 1830.

The Directors will meet at the Station, in Crown Street, not later than Nine o'clock in the Morning, and during the assembling of the Company will severally take charge of separate Trains of Carriages to be drawn by the different Engines as follow:—

NORTHUMBRIAN	Lilac Flag.	Mr. Moss.
PHŒNIX	Green Flag.	Mr. Earle.
NORTH STAR	Yellow Flag.	Mr. Harrison.
ROCKET	Light Blue Flag.	Mr. A. Hodgson.
DART	Purple Flag.	Mr. Sandars.
COMET	Deep Red Flag.	Mr. Bourne.
ARROW	Pink Flag.	Mr. Currie.
METEOR	Brown Flag.	Mr. David Hodgson.

The men who have the management of the Carriage-breaks will be distinguished by a white ribbon round the arm.

When the Trains of Carriages are attached to their respective Engines a Gun will be fired as a preliminary signal, when the "Northumbrian" will take her place at the head of the Procession; a second Gun will then be fired, and the whole will move forward.

The Engines will stop at Parkside (a little beyond Newton) to take in a supply of water, during which the company are requested not to leave their Carriages.

At Manchester the Company will alight and remain one hour to partake of the Refreshments which will be provided in the Warehouses at that station. In the farthest warehouse on the right hand side will be the Ladies' Cloak Room.

Before leaving the Refreshment Rooms a Blue Flag will be exhibited as a signal for the Ladies to resume their Cloaks; after which the Company will repair to their respective Carriages, which will be ranged in the same order as before; and sufficient time will be allowed for every one to take his seat, according to the number of his Ticket, in the Train to which he belongs; and Ladies and Gentlemen are particularly requested not to part with their Tickets during the day, as it is by the number and colour of the Tickets that they will be enabled at all times to find with facility their respective places in the Procession.

开通典礼当天的"日程表"。参加典礼的客人大多是以家庭为单位到来的。总工程师乔治·斯蒂芬森驾着"诺森布兰号"，他弟弟驾着"北极星号"，他儿子罗伯特驾着"凤凰号"。这张"日程表"是利曼铁路公司第一位董事长查尔斯·劳伦斯（Charles Lawrence）留下的。在威灵顿公爵致过开幕词后，他回应道："未来的日子里，人们会记住今天。利物浦和曼彻斯特，不仅仅是名义上的姊妹城市，也是真正连为一体的姊妹城市。"然而，事情的发展，并不像他期望的那样乐观。

坐的是"诺森布兰号";其他7辆机车,包括"火箭号",是在与其平行的另一条轨道上跟随着"诺森布兰号"前进。根据《利物浦水星报》的报道:"炫目的机车队列,新奇的景观,行将启用的巨大动力所能带来的无尽优势,使观众产生了空前的兴趣,也使他们对人的智慧和能量有了进一步的认识。铁路两侧,赞美声不绝于耳,无数人挥舞着手中的帽子,庆贺着企业界的这一辉煌成就。"

然而,事情并不像表面上那么一帆风顺。鸣炮信号发出后,机车队列开始启动,但一个旁观者,不幸被加农炮崩出来的一块碎片击中,炸出了一只眼球。《曼彻斯特邮报》还讲到了可怕的细节:"眼球因其表面附着物的原因,还在脸颊上垂了片刻。"更糟糕的还在后面。列车开到帕克赛德后,在平行的两个轨道上停下来加水,这时,几位乘客不顾指令走出车厢,想活动一下四肢。随后发生的一幕,被《利物浦水星报》报道出来,题目是《赫斯基森先生之灭顶之灾》:

> 下车的人里就有我们尊敬的下院议员赫斯基森。他走近夫人坐着的位置,看到了威灵顿公爵。公爵也认出了他,从车上伸出手来,他紧走几步,去和公爵握手。此时,在另一轨道上,"火箭号"开了过来。信号员发出信号,警告大家注意安全。斯塔福德郡议员利特尔顿陪着埃斯特哈兹王子进了车厢,但赫斯基森还在外面。有人向他喊道:"快上来!""小心!"可怜的赫斯基森一下子紧张起来,赶紧去抓车门。不幸的是,上车时,他一脚踩空,摔到了地上,而且身体的一部分摔到了另一条铁轨上。正在这时,"火箭号"开了过来,从他大腿上轧了过去。这一切,只是发生在一瞬间。刚才,他还精神饱满,兴致勃勃;而现在,他倒在血泊里,已无法再站起来。

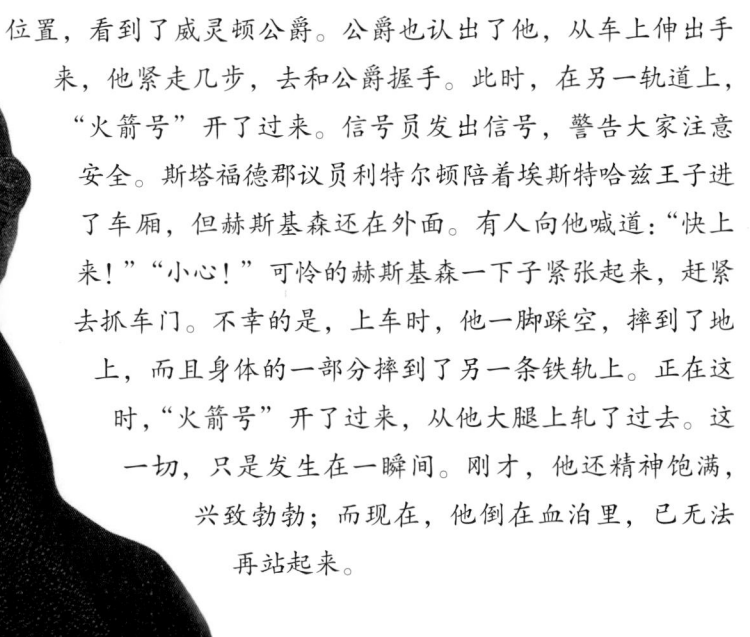

对赫斯基森而言,因为过去曾与公爵持不同政见,这本来是弥补二人关系的好机会;不过,正如其他下车溜达的几位一样,他们对眼前的危险没有概念。这一点,加上他自身身体

威廉·赫斯基森,第一位因乘坐火车而丧生的人。根据当时的《英国名人传记词典》,他是个身体很容易出状况的人。一条腿的踝关节错位,让他走路一瘸一拐;一条胳膊三次骨折,难以正常使用。

的问题，导致了这场事故。乔治·斯蒂芬森和他的司机，以当时世界上最快的速度，把赫斯基森送到了最近的一处牧师住所，请了4名外科医生一同抢救。但他还是没能挺过当天。

与此同时，参加典礼的其他人，用了一个多小时的时间争论机车是否还要开到曼彻斯特。威灵顿公爵由于受了些惊吓，想半路中止；其他人则认为，如果首发不能完成全程，那投资者的积极性会受到影响，围观者也会失望。而此时，等待的人群中有人已经不耐烦起来。对随后发生的事情，范妮·肯布尔做了如下记录：

事故发生后，天变得阴沉沉的。火车快到曼彻斯特的时候还下起了雨。等在那里希望亲眼看见火车抵达的人群中，大部分是最底层的工匠和修理工，他们本来就对政府怀有不满。载着威灵顿公爵等诸多名人的列车到达时，迎接他们的是一片嘘声和抱怨。在这些愁眉不展的人群之上，高高地架了一台织布机，上面坐着的是一个衣衫褴褛、好像还饿着肚子的织工。显然，他是作为代表来抗议的，抗议的是机器的发展给他们带来的不利影响，以及利物浦和曼彻斯特的富人从中捞取的利益和荣耀。从利物浦出发时的轰轰烈烈，到抵达曼彻斯特时的冷冷清清，这是我亲身经历的反差最大的对比。赫斯基森先生出了车祸的消息很快在人群中散开了；人们估计他挺不过去，果然，他于当晚去世。通车的巨大成就，被笼罩了一层乌云；通车本身的成功，也似乎因失去了这个国家的第一位财政巨子而被打了折扣。

一些抗议的人群打出了三色旗，这是1789年法国大革命的标志。但这些人，如果是想仿效法国农民对地主的成功斗争的话，那他们会失望的。后来发生的，是政治改革，而不是革命。其原因，在下一章我们回溯此前100年的历史时就会看清楚的。

虽然车祸给开通仪式投上了阴影，但利曼铁路成功开通。第二天上午，第一辆列车，载了140名提前做了预订的乘客，从利物浦出发，驶向了曼彻斯特。那位女作家舍伍德女士曾经担心地问："这些可怕的怪兽，会投入日常使用吗？"答案是个响亮的"对"。

人们对铁路这一全新交通方式的热情超过了预期，许多其他公司于是开始仿效。到1838年，全国已修建铁路743英里，运载旅客540万人次。1842年，维多利亚女王首次乘坐蒸汽机车，从斯劳坐到了帕丁顿，这给铁路带来了更高的声望。1852—1870年间，可用的铁路线路几乎翻了一番，乘客人数增加了2倍，其中三等舱的乘客数增加了6倍。到1871年，铁路总长已达13388英里，乘客达3.222亿人次，车票收入1810万英镑。

同样急剧增长的是货物运输量，而这才是修建利曼铁路的动因。运河公司曾做过抗争，但在1850年，火车的运载量是运河货船的20倍，速度是其8倍，因此河道运输已无法竞争。马车公司和收费公路也纷纷倒闭；1846年，最后一辆公共马车离开了伦敦。工业化过程中，时运至关重要。而铁马这一概念，可谓恰逢其时。

铁路改变了日常生活。快速的火车可以把新鲜的鱼运往内地，鱼和薯条便取代了猪蹄，成为劳动阶层的廉价晚餐。火车也让穷人有了旅游的可能。从工业城市到布莱克浦或斯卡伯勒的一日游，从伦敦到南部海滨度假地的一日游，都成为家常便饭。第一批低价旅游车票出现于1851年，当时的万国博览会吸引了大批的人——这也是需求催生营销战术的一个范例。

但在光鲜的表面背后，则是铁路工人的汗水、居民区的四分五裂，以及最能显示资本主义制度财富的投机买卖。

当然，对于1830年9月那充满戏剧性的一天而言，这些都是后来的事情。不过，利曼铁路的行政与财务主管亨利·布斯倒显得很有眼光。他在当时就做了这样的评论：

利曼铁路上行驶的满载乘客的列车。头等车厢（包括邮车）是黄黑两色，这也是"火箭号"的颜色。二等车是露天车厢，类似于今天运送牲畜的卡车。

我们必须定夺：这个国家是继续享受宁静的农牧生活，还是投身到商业和制造业的喧嚣与亢奋。无论怎样，我们都得承认，黄金时代已经过去了；继之而来的，恐怕叫作钢铁时代。机车和铁路就是为这个时代准备的。从西到东，从南到北，机械原理和19世纪哲学将会遍地开花。这个世界已是今非昔比。这个时代的天才创造就像滚滚的河水，汹涌澎湃，势不可挡。

在发生变革的 1830 年，并非人人都像亨利·布斯那样，对未来的美好充满信心。但有一点是肯定的，那就是一切都已非同以往。英国是怎样走到这一步的呢？要理解这点，我们需要把时间回溯 100 年，要看看这个岛国之外是什么样子。

亨利·托马斯·阿尔肯（Henry Thomas Alken）的作品《1830年白教堂路一景》（*A View in Whitechapel Road 1830*），用夸张的手法，描绘了一个蒸汽机车大行其道的未来世界。

第二章　车轮与交易

时间：1730—1830年
跨度：100年
地点：德国迈森—法国巴黎—英国煤溪谷—英国伦敦

故事开始前，先让我们看看故事的发生地，库克镇。

这是个红砖小镇。要不是烟熏火燎，那些砖的确是红的；然而现实里，那是一种不自然的红和黑的混杂，就像野蛮人涂黑的脸。镇上满是机器和高大的烟囱，烟囱里没完没了地冒着黑烟。这里有条脏兮兮的运河，还有一条泛着紫色、散着怪味的小河以及大片大片的房子。房子的窗户很多，整天都会听到吱吱扭扭的声音；窗子里，蒸汽机的活塞上上下下，做着单调的重复，活似一头神经不正常的大象，在不停地点头。镇子的几条主街大同小异，若干小巷也都彼此相像。镇上住的人，似乎都差不多，他们每天同时出门，同时回家，走着同样的路，干着同样的活。对他们来说，今天和昨天，今天和明天，没什么区别；今年和去年，今年和明年，没什么两样。

库克镇的这种样子，与镇上人赖以生存的活计是分不开的；至于生活的舒适，其他地方都可以有，唯独与这里无缘。

——《艰难时世》（查尔斯·狄更斯著，1854年）

迈森镇老区鸟瞰。

关于工业革命起因的争论，早已是老生常谈。历史学家们好像连工业革命始于何时都不能达成一致，更不用说其原因；不过，他们都会同意，仅仅说出一连串家喻户晓的名字是远远不够的。当然，哈格里夫斯、阿克莱特、瓦特等人，都各自发挥了不同作用，但天才发明家并非英国专利。

我们对工业革命起因的探究，始于"火箭号"出现的年代。这个乍看有些武断的选择，是有其道理的——1830年的英国，已经是一个风生水起的地方。但这是怎么来的呢？又为什么会这样呢？

"当然，你可以在一系列因素中，选出若干的因素。"历史学家艾伦·麦克法兰说道，"其中有经济因素，因为当时英国农业发达，而且有煤炭资源；有宗教因素，当时英国已经有了新教，思想自由；还有政治原因，当时的法律体系、民主政治都已具雏形。但即使把这些因素都考虑在内，你依然会觉得少了点什么。一定还有什么特殊因素，才会让英国如此与众不同。"

如果有谁在1730年对世界形势做了一番冷静观察，那么他会觉得，当时被称为"伟大国度"的法国或德国，更有可能发生工业革命。

如果有谁在这个时间去过德国德累斯顿附近的迈森小镇，那么他会感到，这里可能会有重大事件发生。那个时代，炼金术师们正忙着寻找一种神秘物质，这种物质能把一般金属变为黄金。就在1730年，一位炼金术师发现了另一个据说有同样价值的方法：如何制作瓷器，瓷器在当时也叫"白金"。

当然，从11世纪开始，中国人就在制作非常精美的瓷器。大量漂亮而昂贵的瓷器进口到了欧洲，欧洲人也一直在试图破解其制作秘密。萨克森的国王奥古斯塔斯二世（Augustus the Strong），命令他的化学家去研究这个难题，但最后是个炼金术师约翰·弗里德里希·伯特格尔（Johann Friedrich Böttger）找到了合适的配方。他发现，高岭土和白墩子——这两样东西德国都有——就是制作瓷器的原料。制作过程尚需完善；但随后发生的事情，则属于典型的误失良机。

中国批量生产的瓷器被卖到了欧洲的王室，也被卖到了伊斯兰国家以及东南亚国家；迈森产的瓷器则专供王室。中国的瓷器，不仅贵族家里有，中产阶级和专业人员家里也有；迈森瓷器则不然。其最具代表性的产品是大型宴会甜点桌上用作装饰的人物雕像，过去都是用糖雕。其中最著名的一款是坐在山羊上的裁缝形象。这其中的故事再好不过地说明了王室里那严格的等级划分。

这款瓷雕是布吕尔伯爵（Brühl Count）定制的。他是迈森工厂的主人，酷爱精美衣装，制服就有300多套。一次，他的裁缝给他做了一套极其精致的衣服。高兴之余，他问裁缝有什么要求，他都可以满足。裁缝厚着脸皮说想参加一次王室宴会——这对他这种社会地位的人来说是不可想象的事情。伯爵想了想，叫来了自己的雕塑师，让他给裁缝做个塑像。

其结果，便是这样的一个瓷雕：裁缝身着贵族服装，外加丝质刺绣大衣，手持其谋生工具——剪刀，胯下骑着山羊，山羊还驮着他的另一工具——熨斗。以这种荒诞不经的方式，作为瓷器塑像，裁缝上了王室的餐桌。至于伯爵的下一套制服做得如何，历史书里没讲。

而迈森瓷器并非只供王公贵族专用。不过即使后来买得到，价钱也是贵得离谱。奥古斯塔斯二世生怕别人拿到这种"白金"的制作配方，把伯特格尔关在了他的城堡里，禁止他与外界往来。瓷器制作完全按传统方式进行，外界的市场需求与这里的生产没多少关系。与此不同的是，英国的瓷器制造商，例如韦奇伍德（Wedgwood），则会与客户一直保持联系。他给俄国女皇提供晚餐餐具，就像给一般用户提供茶具一样轻而易举。他清楚自己要什么，而且通过颇具新意的营销，能够说服大批顾客接受同样的产品。我们随后会发现，韦奇伍德的故事恰恰诠释了法国

阿尔贝·谢罗（Albert Chereau）的这幅版画，描绘了天才发明家雅克·沃康松（Jacques de Vaucanson）制作的机器人长笛手，使仆人大惊失色的情景。左边台座上，便是那只著名的"消化鸭"。

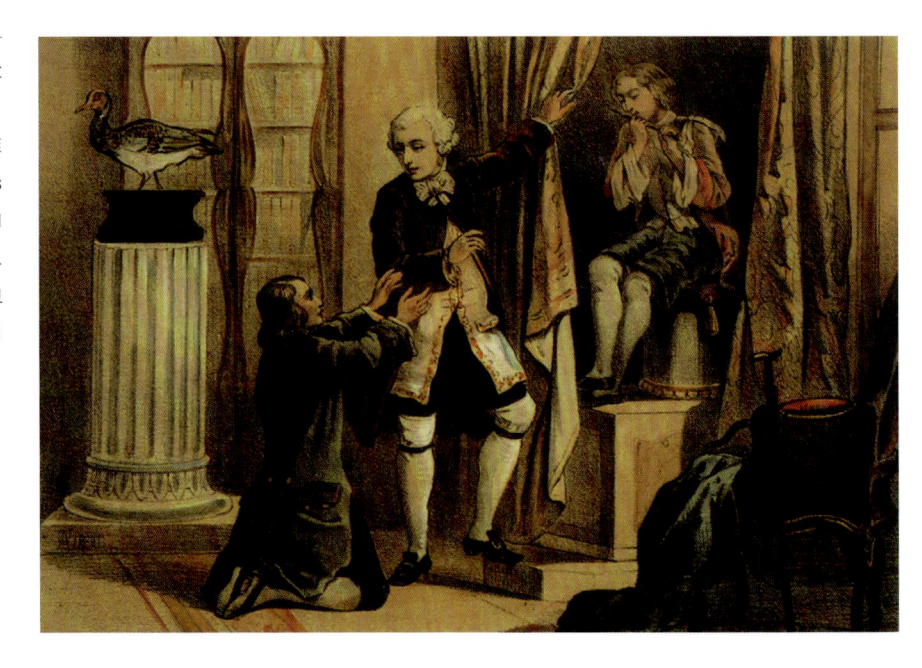

的查尔斯侯爵（Charles, Marquis de Biencourt）所做的评价。他说："英国的制造业是面向大众的，不是面向有钱人的。"

通过迈森一例，我们认为仅凭一两项新工艺的发现是无从产生工业革命的。那答案会不会是规模生产？如果机器能够可靠地复制人的动作，那这可能会降低制作成本。对此，早在18世纪初，就有不少欧洲人进行了各种试验，其中不少最具独创性的设计，是出现在法国。其中最为历史学家西蒙·谢弗称道的一种，便是沃康松于1731年发明的自动消化鸭。

"雅克·沃康松是个聪明的年轻人，来自法国东南部，在阿尔卑斯山下长大，在教会接受过钟表制造的训练。"西蒙·谢弗介绍道："由于跟老师不合，跟家人也有矛盾，他很早就离家去了巴黎。18世纪初他在巴黎的发展让我们看到，在当时的法国，什么是可能的，什么不可能。这跟英国不一样。"

谢弗接着说："在巴黎，他制作了3个机器人，或者说3个模仿活物动作的机器装置。这让他小有名声，当时他才20多岁。这些装置在城里的广场上，在教堂或游乐场里并不罕见；但沃康松做的东西在技巧方面要胜出一筹。他制作过鼓手，制作过吹长笛的乐手，但最厉害的是只鸭子。这是个无论形状还是大小都跟一般鸭子没什么两样的机器，鸭子能干什么，它就能干什么。它可以拍打翅膀，可以张嘴吃食，还可以排泄……简直不可思议。它上过在巴黎举办的博览会，还给国王表演过。它代表着18世纪人的创造力可以达到的高度。当时，有人迷上了这只鸭子，想做个一模一样的复制品。"

复制品是戴维·西克雷特（David Secrett）定做的，目的是个人收藏，他本人则是做管风琴的。制作者边猜边干，进展缓慢，而且越干越能体会到沃康松那超人的创造力。复制品能像原版的"消化鸭"一样，伸展羽翼，低头吃食，但最后一道程序就没那么容易了。沃康松曾经制作过用于说明医学理论的机器，还一度想做个"活体消化机"，来证明消化是个化学过程，而不只是搅碎食物的机械过程。据说，他的"消化鸭"，排泄时同样产生异味，十分逼真。那他是怎么做到的呢？

"我想，他最后还是接受了这样一个现实，那就是，他不可能把一个化学实验室装到机器里。但不这样的话，就无法说明消化过程。"西蒙·谢弗说道，"因此，要想理解沃康松的发明，就得看鸭子的进食和排泄。有人怀疑这不过是个骗局，怀疑鸭子的进食和排泄是两个互不相干的过程，中间没有任何化学变化。"

无论真相如何，这项发明的创造性是毋庸置疑的。不过，仅有创造性还不够——这一点，通过 18 世纪 40 年代和 50 年代沃康松本人在法国丝绸业的实践得到了证明。

"集展示者、企业家和技师于一身的沃康松赚了大笔大笔的钱之后，转而受雇于法国政府，去从事丝绸行业；因为欧洲人对中国的丝绸，也像对瓷器那样，一直想破解其中的奥秘。"西蒙·谢弗说道，"法国政府任命他为总工程师，负责设计和建造一个全新的丝织厂，厂子里使用的是自动化程度很高的丝绸纺织机。他有军方支持，有足够的资金，还享有国家垄断地位。"

谢弗接着说："他于是去了法国重镇里昂，想在那里建厂。里昂的地位相当于英国的伯明翰，那儿的丝织厂老板和工人举行了大规模的抗议。他不得不趁着夜色，装扮成修道士，匆匆逃离。他在建的厂房被烧毁，机器被砸掉，政府支持也撤了。到了晚年，也就是 18 世纪 60 年代和 70 年代，他在法国阿尔代什省建起了几个丝织厂，其规模至少在他看来还是适度的。但机器的使用，虽然提高了生产效率，使得丝绸得以批量大规模生产，但也造成大批工人的失业。"

在西蒙·谢弗看来，沃康松在丝织行业没能成功的原因在于法国工业发展的"自上而下"的模式。

他说："我们上面谈到的动议都来自于巴黎，来自政府、贸易委员会和商务部。他们把自己的决定强加给各大省省会。结果便是一个貌似理智、周密、合情合理，但实际上徒有其名的体系，难以给工业与自动化领域带来什么变化。"

相比之下，18 世纪的英格兰，许多动议是出于地方，目的是满足地方需求；其成功则是出于企业家的个人努力。对不少工业革命期间的名人而言，人们记住更多的是其业绩，其次才是其发明。其中比较典型的是理查德·阿克莱特（Richard Arkwright）。曾经做过理发师和假发师的他，按一般历史书的说法，将人工纺织改进为水力纺织。他于 1769 年获得专利的水力纺织机，用了一组滚轴，来替代纺织过程中的人的五指。但实际上，全部的技术设想，都来自他的合作伙伴约翰·凯（John Kay），一个来自沃灵顿的钟表匠。阿克莱特的功绩在于营销。

他的成功其实也没什么秘密。在他的专利有效期内，阿克莱特一心要把这项发明用足。别人购买他的水力纺织机，要以 1000 台为起步单位。这不仅给他带来了巨额利润，还使其他生产商不得不扩大生产规模，否则无法与他竞争。他的厂子设在克罗姆福德，雇有 600 多名工人，其中大部分是儿童。他因此也被许多人视为英国工厂制度的创立者。出于赢利的目的，他可能也参与了制度的设计——但他无疑促进了这种制度的广泛应用。

从现代观点来看，他还是个出色的自我宣传家。他于 1786 年被授予爵位，第二年开始担任德比市首席治安官。他把这一职务给他带来的机会也用到了极致。1787 年 3 月 27 日的《曼彻斯特水星报》这样报道："上个星期天，理查德·阿克莱特爵士在众人的陪同下，骑马光临德比。他的随从有 30 人，还不包括警察，都穿着这种场合下前所未见的华丽服饰，骑的都是一色的黑马。号手们骑的是灰马，身着体面的金、红两色制服。"

安德鲁·尤尔，工业化的倡导者之一，在他 1835 年出版的《制造的哲学》一书中，曾对阿克莱特做了一番歌功颂德：

> 60 年前，当第一台水力织布机在克罗姆福德郡那充满诗意的德文特山谷竖立起来的时候，人们还没意识到，上天已经注定，这样的一种新式劳动制度，将会带来那么一场大规模的革命。不仅是在英国，它对全世界的命运都有影响。只有阿克莱特才有这样的眼光，只有他才有这样的勇气，用他那热情洋溢的语言，预告了人类的工业生产所能达到的高度。这样的工业生产，已不再取决于人工投入，因为人工投入存在不确定性；其所依靠的，是由人工监督的、不竭的动力驱动的，并以极快的速度运行的机械手和机器臂。

德比的约瑟夫·赖特（Joseph Wright）曾作过一幅画，描绘的是黄昏时分掩映在山谷里的克罗姆福德工厂，颇具浪漫情调。不过他还作了另一幅画，一幅谈不上什么浪漫情调的画，这便是工厂主人的肖像，现陈列于位于伦敦的科学博物馆馆长办公室。从这幅画里，人们可以看出阿克莱特的无情与执着——正是这种执着，在他生前为他带来了 50 万英镑的巨额收入。他于 1792 年去世。

虽然在许多人心目中，阿克莱特是个典型的、唯利是图的资本家，

养尊处优的资本家理查德·阿克莱特。他的市场营销使现代工厂制度得以推广。

但在英国的制造商里面，还是有不少人注重社会道德的。那些对工业革命持不同意见的派别，包括贵格会、循道派、浸礼会以及公理会，也都对英国工业革命各自做出了不同贡献，可惜这些贡献都被完整地记录下来。受其宗教信条的影响，这些派别很少参与公众活动，其中许多人便将才华用到了商业和贸易方面。就像阿萨·布里格斯（Asa Briggs）在《进步年代》（The Age of Improvement）一书中写道："他们在宗教方面的一致，从贵格会的聚会场所或其不合常规的教堂上就能得到体现。这样的团结一致不仅有助于培养善心，而且使信徒彼此间的借贷非常简便。对《圣经》的依靠，与对钱财的善待，就这样同步起来。"

能够说明这种影响的一个事例便是煤溪谷。这是坐落在塞文河畔的一个黑乎乎的地方，奇妙的是，这里既有铁又有煤，工业前景一片光明。

对这个曾经的小村庄所经历的巨变，当年的记载有不少保留了下来。其中最具代表性的，是对两幅版画的说明，这两幅版画也是最早公开发表的描绘煤溪谷景象的作品。作者乔治·佩里（George Perry），当年就住在村上，是这里一个铁矿厂的控股合伙人。

1700年，全村仅有1个火炉、5所住房和一两个炼铁炉。约40年前，建起了现在的炼铁厂，从那之后，贸易和住房建设高速发展，现已有居民450人，为500人提供了就业机会，其中包括与炼铁相关的数个工种。

这个地方，颇有些令人赏心悦目的景致。有人说，在村子周围的山丘上，从不同的角度，你会欣赏到一系列不同的美景。这些山丘，有的绿草如茵，有的林木茂盛，当然，也有个别地方寸草皆无。这美丽富饶的土地，在塞文河的灌溉下，构成了你能想象出的各种美景。而煤溪谷的新景致，更为这个地方锦上添花。高耸的烟囱，新建的水库，运转着的发动机，都令初来这里的外地人艳羡不已。不过也得承认，这些东西，与瀑布的水声、机器的噪音以及鼓风炉的轰鸣混在一起，会让那些夜间赶到的人产生一种恐怖感。但总的说来，大概没几个地方能像煤溪谷这样，把乡村景致的宁静和工业发展的喧哗如此完美地结合在一起。

煤溪谷的故事，在某种程度上也是达比家族的故事。这个家族属于贵格会，以勤奋著称。亚伯拉罕·达比（Abraham Darby）原来在布里斯托尔做铜锅，也一直在探讨如何用焦炭炼铁。他相信，如果他能生产大量的铸铁,他就能制作更多的锅,也就能赚更多的钱。巧的是,他家族中已经有人在什罗普郡开始使用焦炭炉。他利用这种关系,把家搬到了煤溪谷,开始批量生产铁锅。

约翰·查林(John Challen),煤溪谷炼铁专家,为达比的想法做了诠释。他说:"从铜锅转为铁锅,他肯定是做了周到的考虑。如果铜能行,那铁就能行。他之所以搬到煤溪谷,为的是用这里的煤。什罗普郡煤田,当时在欧洲是最大的煤田之一,因此煤的供应不成问题。贵格会在煤溪谷谷底有个铜厂,铜厂恰好有个废弃的鼓风炉,这对他而言是个好机会。他把鼓风炉接管过来,修了修,随后立即投入实验,燃料就是当地的煤。但他用的不是原煤,而是烧去原煤杂质后得到的纯碳。这样,到1709年,他实验成功,开始用焦炭炼铁,也开始生产铸铁锅。"

查林又说:"当然,这一切得以成功的原因,还在于这儿有路轨,是早期的木质路轨。铁矿越挖越深,铁的用途也越来越多。铁矿厂门口,不时就有人来问,既然你能做铁锅,那铁轮也能做吧?蒸汽机上用的汽缸也能做吧?铁轨也能做吧?"于是,这些新玩意,就都用上了铸铁这种材料。

煤溪谷工厂一景。这是根据乔治·佩里的画制作的版画。他为此所做的说明,给这个地方留下了一笔光辉记录。画面前方的马车,拉的是新出厂的蒸汽机汽缸;画面右侧是几堆还在冒烟的焦炭。

查林还说:"在那之前,传统炼铁关注的是锻铁,也就是铁匠用的那种铁。但铸铁出现后,就像后来的塑料,你可以把它变成各种形状,可以批量生产各种简单物件。这也是煤溪谷得以成名的原因。"

威廉·威廉斯创作于1780年的《煤溪谷大铁桥》(*The Iron Bridge, Coalbrookdale*)。为这幅画,亚伯拉罕·达比三世付了威廉斯10个畿尼币,之后这个地点成了到煤溪谷必去的一个景点。画面中央,两位穿着入时的女士,正从船上欣赏大桥。

18世纪20年代在煤溪谷生产的第一台蒸汽机汽缸,是蒸汽机得以降价的原因之一。不过,为铸铁所做的最好的广告是煤溪谷大铁桥,就连这座桥所在的地方都被命名为"铁桥"。当年对大铁桥的记载,无不充满了对其规模的赞美。其中最为典型的,是沃里克郡的绅士塞缪尔·巴特勒(Samuel Butler)作于1782年3月14日的一篇日记:

流经煤溪谷的塞文河上本来没桥,只有渡船。但在1775—1776年,当地开始建造这座铸铁大桥,而且是座船只不用降低桅杆就能直接通过的桥。在达比先生的指挥下——他对煤溪谷炼铁厂的发展最为关心,项目得以顺利实施,工程据说花去了5000畿尼币[①]。铁桥外观轻巧而雅致,但又不失力度。无论是从河上哪一边看,铁桥都像一座古老教堂里优雅

---

① 畿尼是英国的旧金币。——译者注

的拱门……看着看着，一艘满载的货船开了过来。虽然听说当时的水深比低水位时高出 4 英尺，铁桥比桅杆还是高出一大截。

这一地区高速发展的另一要素便是塞文河。这条河，不仅提供了运输之便，同时也是当地便捷的水源。乔治·佩里在当时的《绅士杂志》（*Gentleman's Magazine*）上撰文写道：

这条河是英国第二大河，在贸易方面发挥着重要作用。从海边溯流而上的货船，可在河上航行 160 英里，而无须动用水闸。每年都有 10 万吨以上的煤，从布罗斯利和梅德利附近的煤田运出，通过这条河运到河两岸的城镇，再由这些城镇运送到周围地区。此外，每年还有大量的谷物、生猪、条形铁、铁制品、陶器，以及羊毛、啤酒花、苹果酒等各种消费品，通过这条河运到布里斯托尔等地，并把这些地方的产品运到外地。

不少游客到此参观，参观后反应不一。当时有位名叫阿瑟·扬（Arthur Young）的专门从事农业报道的记者，在他 1776 年 6 月 13 日的日记里，这样写道：

今天参观了鼓风炉、炼铁炉等。这些轰鸣作响的设施，让整个的建筑显得十分庄重。这些厂子在英国算是最好的。这里流程完整，从开挖铁矿石，到制成加农炮、铁管、汽缸，等等。所用的铁都来自周围的山丘；所用的煤也都来自当地。达比先生的工厂里雇用了将近 1000 人，其中包括矿工。煤溪谷共有 5 台炼铁炉，其中两台是他的。

这些铁厂形势大好，蒸蒸日上。煤溪谷本身就是个充满浪漫气息的地方。这是一条蜿蜒的峡谷，峡谷两边是形状各异的群山，山上郁郁葱葱，仿佛披着厚厚一层漂亮的地毯。这与谷底的情景形成了鲜明的对比。在谷底，到处是厂子里机器的轰鸣，炼铁炉的噪音，鼓风炉呼呼冒出的火焰，以及石灰窑里排出的浓烟。这一切，都让人肃然起敬。

在写这篇日记的 10 年后，在开挖一条通往煤田的地下通道时，人们发现了一处沥青泉，这条通道于是被称为柏油隧道。1787 年，意大利贵族卡洛·科马斯克造访此地时，被他看到的"沥青喷泉"惊呆了。他说："我们走了半天，终于来到有沥青流出的那块岩石旁。沥青流量充足，每天能灌满 5～6 个滚筒。在那儿干活的工人，正如但丁在《神曲》里所描绘的、手持挂钩钩人灵魂的顽童，当然他们钩的是沥青。这些工人，个个身材扭曲，污浊不堪。"

同年，英国演员查尔斯·迪布丁（Charles Dibdin）也参观了煤溪谷。他的回忆，调门同样灰暗，不过倒可能接近于当时的实际情况。

我们原打算在那儿过夜，不过发现这不可能，因为热得难以忍受。他们用大堆大堆的煤烧制焦炭，从鼓风炉、炼铁炉还有其他庞大的设备里，不停地冒出火苗和浓烟。这些，加上硫黄那熏人的气味，让人感觉好像被扔进了气泵里。我们到了希弗纳尔后，这才算松了口气。

让刻耳柏洛斯（希腊神话中守卫冥府入口处有三个头的猛犬）带着你们去领略一下煤溪谷地狱般的景象吧。塞文河可以勉强被当作冥河，不同之处在于卡戎（希腊神话中渡亡魂过冥河去阴间的神）在此处化作公路收费处的管理员把你迎上铁桥，而不是在他的摇摇晃晃的小船中猛摇桨。这里的男人和女人很容易就被当成恶魔或仙子。工人们在深坑中打磨蒸汽机气缸，这些深坑的入口处冒着火光，很像塔尔塔罗斯（在希腊神话中宙斯用于囚禁提坦众巨神的阴间）。而且，说真的，如果哪个无

菲利普·卢泰尔堡（Philippe Jacques de Loutherbourg）创作于 1801 年的《煤溪谷之夜》（*Coalbrookdale by Night*）。作者的艺术生涯，始于舞台设计和绘画，因此这幅以煤溪谷炼铁情景为主题的画作，有着戏剧舞台般的效果。

神论者从未听说过煤溪谷，应该在梦里将他运送到这里，并且将他放置在这里其中一个熔炉前并且四周被这些地狱般的物件环绕着，那么想必，当他醒来看到这一切后，尽管在之前的一生中他一直是最称职的不信者，不仅不信，还亵渎神，他绝对也会很害怕受到最终的审判（因为他亲眼见识了"地狱景象"，即煤溪谷）。

亚伯拉罕·达比在煤溪谷之所以成功，是因为他在合适的时间来到了合适的地方。但历史的巧合只是一方面；另一方面则是本章开头谈到的特殊因素。对此，艾伦·麦克法兰有他自己的解释："工业革命也好，科技革命也好，都具有高度复杂的特点，要求社会结构能够鼓励两个方面的结合。一方面，要有勤于思考、勇于实践而且彼此竞争的个体；另一方面，要有协同合作、团结一致而且相互信任的氛围，以利于创新及其传播。在大多数社会，这种结合并不那么简单——不是个人主义太强，就是过于注重合作，结果一事无成。而英国做到了这些要素的结合，英国的经验也四处开花。"

亚伯拉罕·达比的工厂，既非政府赞助，也没有政府的批准（这与法国沃康松的丝织厂完全不同）。他利用了自己家族的关系网，利用了他们既有的炼铁炉，同时也熟悉自己所面对的市场。随后，他还按当时流行的做法，设立了信托机构来管理企业。这种信托制度的特点，是由集体而非个人来掌握财富。无论是对于煤溪谷的企业，还是英国股票市场以及银行来说，信托都是一项基本制度。

在整个18世纪，英国越来越多的咖啡馆，为人们的非正式会面提供了一个理想的场所。法国的阿贝·普雷沃斯特（Abbé Prevost）造访后，对咖啡馆里人与人之间阶级界限的消弭留下了深刻印象。他写道：

在好几个咖啡馆，都有人指给我看，围坐一桌的，既有贵族、男爵，也有鞋匠、裁缝、酒馆老板，等等，而且好像彼此熟悉，谈论的都是当下时事。这里，政府事务既是大人物的事，也是老百姓的事，每人都有权发表意见。人们以口头或书面的方式，对现实或谴责、或肯定、或抨击、或抱怨，而当局并不干预。即便是国王，也在人们议论之列。在英国，咖啡馆等公共场所是自由的基座。花上两个便士，你就可以一边喝茶、喝咖啡，一边看遍支持或反对政府的所有报纸。

经常光顾咖啡馆的名人,可能是像塞缪尔·约翰逊(Samuel Johnson)这样的文学家。不过咖啡馆也是英国股票交易所和劳埃德保险等机构诞生的催化剂(后者起源于劳埃德咖啡馆,那里是人们了解船运信息的地方)。

后来,上层社会的人开始从咖啡馆分离出来,组成绅士俱乐部。在艾伦·麦克法兰看来,绅士俱乐部等各种俱乐部的发展便是英国工业革命成因中的一个重要因素。

麦克法兰认为:"今天,我们生存的这个世界,有无数的俱乐部,我们对此早就习以为常,觉得是理所应当的事情。"他解释道,"不过,在许多地方,这对国家而言是个政治隐患;俱乐部里鼓励思想自由,这对教会也不利。这种情况下,俱乐部往往遭禁,人们转而在家里或小圈子里活动。"

举例而言,法国便不允许成立俱乐部;但在18世纪和19世纪的英国,俱乐部则处于全盛期,其中不少一直延续到今天。这形成了一种全新的,结构严谨、操控有效的社会框架。麦克法兰教授说道:"这就像一群小孩凑在一起,但他们凑在一起的时间很规律,地点往往是在他们买下来的地方。各俱乐部都有自己的规章制度,都有自己单独的财务,还有专门的财务人员。不过,最重要的是,他们对吸收会员非常谨慎,而这有助于培养会员对俱乐部的忠诚和奉献。俱乐部门槛很高,仪式严格,等级分明,墙上挂着重要成员的像,还有专门的佣人跟你打招呼,等等。因此到了俱乐部,你就可以和选择了你的人,也是你选择的人,一起放松一下。"

他还说:"只有把不同技能、不同背景的人,以一种相互信任的方式聚到一起,一起工作,一起分享知识、信息和技能,你才有可能实现工业化。这事儿,一个人干不来,十个人干不来。你需要集中不同人的本领,作家、学者、政府官员、商人、工匠,等等,才有可能实现这种新的文明形态。而英国的俱乐部做到了。"

18世纪英国的社交方式——咖啡馆里的社交。

18世纪的英国有各式各样的俱乐部，但麦克法兰说，其中最能体现俱乐部与科学和工业相结合的，是位于伯明翰的一家名字古怪的俱乐部——月亮社。

月亮社是达尔文的爷爷伊拉斯谟·达尔文（Erasmus Darwin）创建的。他们每月满月的那天聚会，每次6个小时，从下午2点到晚上8点。会员围桌而坐，就共同感兴趣的题目展开研讨。会员中有些是18世纪最负盛名的发明家和实业家，因而他们这种研讨相当引人入胜。

举例来说，制陶师乔赛亚·韦奇伍德（Josiah Wedgwood）会谈到他制作陶器中遇到的困难，而化学家约瑟夫·普里斯特利（Joseph Priestly）就会提出他的解决办法。蒸汽机的发明者詹姆斯·瓦特（James Watt）也在场，他谈的是与蒸汽机相关的问题，包括如何制作、如何营销。18世纪最伟大的铁器专家马修·博尔顿（Matthew Boulton）也是会员，他常说的是："那让我们合伙好了！"

月亮社把热情、好奇心、信任和宽容独到地融为一体。对这一特点的描述，麦克法兰教授最喜欢的是蛇的故事。这个故事，在玛丽·彭宁克（Mary Anne Schimmel Penninck）的自传里保存了下来。玛丽的父亲也是会员之一。

有名的威瑟灵博士（Dr Withering）也是会员，他在植物学和医学方面都很出色。据说，他病危时，曾自言自语道："医学之花要凋零了。"①另一个有名的会员是斯托克博士（Dr Stoke）。他在科学方面造诣很深。他如果缺席，就会非常明显。月亮社一次例会期间，当管家称之为"月亮派"的这些人，晚上在火炉边就餐时，大家突然被一阵"嘶嘶"的声音打断，随后惊讶地发现，一条长着漂亮的黑黄两色花纹的蛇，正在屋子里爬来爬去。我母亲认定，这条蛇不是毒蛇，便向我喊道："玛丽，抓住它！"我费了点劲儿，总算抓住了。我们都在想，蛇是从哪儿来的呢？这时，斯托克博士告诉大家，他骑马来的路上，发现这可怜的东西在河边冻僵了，就把它装在口袋里，想过后解剖一下。结果蛇慢慢暖和过来，就从口袋里跑了。他对我的勇敢大大表扬了一番，而且作为奖赏，还把这条蛇送给了我。我把蛇放到了玻璃罐里，每天悉心照料。不过，后来我还是把它放了。

---

① 威瑟录的名字有"凋零"之意。这句话的另一含义是，"医学之花是韦泽瑞"，因此一语双关。——译者注

有些社团倒也不像月亮社那么特立独行，例如成立于1781年的曼彻斯特文学与哲学学会，到今天仍在壮大。学会的起始成员，多为内科医生、外科医生或药剂师，后来，商人、工程师和企业主也加入进来。这个学会又叫"文哲会"，其宗旨是，"促进文学、科学、艺术和公共事务方面的教育，提升公众对上述各方面的兴趣与鉴赏水平，避免开展任何涉及政党政治和神学争议的活动"。文哲会的会史记录涵盖了两个世纪中所举行的会议和讲座，光是作者与主题索引就有12000项。

17世纪中叶，科技革命席卷英国之时，位于伦敦的皇家学会发挥了主要作用。到了18世纪末，这场运动则是伦敦之外的地方更为活跃。曼彻斯特有了文哲会，诺威奇也有，北安普敦也有，埃克赛特、布里斯托尔、巴斯、普利茅斯、德比、纽卡斯尔也都有。

讲到学术团体对创新的推动作用，人们津津乐道的是埃德蒙·卡特赖特（Edmund Cartwright）发明动力织布机的故事。至于其真伪，我们姑且不论。

"卡特赖特是牛津教师，同时也在英格兰中部作牧师。1784年的一天，他跟当地一些实业家共进晚餐时，他们跟他谈到了一个问题。"西蒙·谢弗讲述道，"这个问题就是：他们能够大量、高效地生产毛线，但在纺织过程中，存在着一个瓶颈。因为当时纺织还没有实现自动化，还需要靠人力纺织机，所以对纺织工人而言，毛线的供应远远超出了他们的工作能力。卡特赖特曾听说过一个会下国际象棋的机器人，那一年在伦敦展出过。因为当时所有外国的东西都来自东方，机器人的外形也做成了土耳其人的样子。卡特赖特在报纸上看到过介绍，他没准也见过这个巡回展出的机器人。于是他跟那些实业家说，'既然别人能造会下国际象棋的机器，那我们为什么造不出会织布的机器呢？'"

后来，有人披露，那个机器人不过是场骗局；但卡特赖特的灵感，却带来了工业史上的一次跨越。这个故事还表明，发明的大门是向所有人敞开的，无论他有什么专长，无论他有怎样的社会背景。俱乐部、学会以及中产阶级的餐桌所提供的环境和氛围，仅仅是一部分因素。

1764年发明出珍妮纺纱机的詹姆斯·哈格里夫斯（James Hargreaves），原来只是布莱克本一个默默无闻的纺织工，也会干木匠活。他的纺纱机是以他妻子的名字命名的，他曾无数次看她纺纱。他的发明，使每次纺纱的根数，由过去的6～7根提高到了80根。理查德·阿克莱特本来是个理发师，也做假发，他发明水力纺机的灵感，出现于他在诺丁汉郡和德比郡回收头发的旅途中。不过,出身卑微而一举成名的典范,则是詹姆斯·瓦特。

小学生模样的瓦特坐在厨房观察烧开水的那幅画人人皆知。可能是受这幅画的影响,人们都以为,蒸汽机的发明完全归功于瓦特。实际上,早在1712年,托马斯·纽科门(Thomas Newcomen)就造出了第一台蒸汽机,而且作为抽水泵,用到了康沃尔郡的锡矿上。瓦特的贡献在于他对蒸汽机的改进,大大提高了其效率,减少了燃料消耗,而且可以广泛应用。

1736年生于苏格兰格里诺克的瓦特,19岁到伦敦去学仪器制造。因为身体原因,他后来又回了苏格兰,在格拉斯哥大学担任仪器制造师。1764年,有人给了他纽科门蒸汽机的一个模型,让他帮助修复一下。他发现了其中的缺陷,于是开始进行改造。

据说,灵感是他在一个星期天散步时产生的。他的解决办法是单独安装一个保持常冷的冷凝器,而活塞式液压缸则保持常热。第二天,用借来的铜制注射器和锡罐,他做了一次成功的试验。几年后,约翰·罗比森(John Robison)教授在他写的《瓦特发明记》(*A Narrative of Mr Watt's Invention of the Improved Engine*)中,描述了瓦特当时的内心活动:

瓦特在开水壶前沉思的艺术再现。他对蒸汽机做了重大改进,而且和他的合作伙伴马修·博尔顿一道,首创了"马力"一词。

走进瓦特先生的客厅后,我发现他正坐在壁炉前,凝视着摆在腿上的一个锡制小水箱。我接着和他聊起我们上次见面时谈到过的蒸汽问题,但瓦特把小水箱放到地上后,便始终盯着壁炉里的火苗。他后来终于转过头来,语速很快地告诉我:"兄弟,蒸汽的事你就别操心了,我现在的发动机一点儿蒸汽都不浪费。它会始终保持在沸水的温度,而且如果需要,可以随时注水。"说完,他得意地看了看脚下的小水箱,可当他发现我也注意到这个小水箱后,就用脚把它推到了桌子底下。就他的发明,我提了个问题,他回答得很冷淡。我没有接着追问,我知道他对我还是有些不满,因为几天前,我无意中透露了他发明的、用于转动发动机龙头的一个装置。我是当着一个发动机制造商的面说的,当时他准备给我的朋友安装一台发动机,结果这话传到了瓦特耳朵里,他觉得这不应该。

1775年,瓦特还是离开了苏格兰,来到了伯明翰,与马修·博尔顿一道开始生产发动机。据估计,英国在18世纪共生产发动机2500台,其中30%来自瓦特。

在《财富的杠杆》(*The Lever of Riches*)一书中,乔尔·莫克尔(Joel Mokyr)把瓦特描述成一个代表,代表着工业革命背后人的作用。

瓦特所取得的成就,结合了发明的天分和降低成本、减少磨损的需求。他的蒸汽机,能够做到蒸汽的充分利用,是助推工业革命发生的人力因素的典范。

瓦特自己,在他用少见的第三人称写就的自传里,这样说道:"他一直想的是,怎样才能让发动机物美而价廉。"实用、美观与物有所值的结合,代表着欧洲一千年以来在技术合理化方面所能达到的高度。当然,如果没有技术水平,合理化便没有意义,而瓦特在机械方面的才华是大师级的。简而言之,在动力技术发展史上,瓦特的地位,相当于生物学领域的巴斯德,物理学领域的牛顿,或者音乐界的贝多芬。有些个体就是不同凡响。

瓦特所说的"物美而价廉",触及了英国工业革命发生的另一个基本成因:利益驱动。

"英国人有个基本观念,那就是,一项创新,首先要能赚钱、能够商业化。"乔尔·莫克尔说道,"无论是在哪个社会,都没人对钱反感。但在法国,创新首先是要服务于国家。他们会先看军队需不需要,军队不需要的,就用于上层社会。正如沃康松的机器鸭,等等。"

他认为,英国举办的科技发明公众讲座之所以受欢迎,就在于听众都抱有这样的心理:讲座的内容,说不准哪一点,会有助于他们赚钱。

18 世纪的一个重要特点是人口的不断增加,这也被看作工业革命的起因之一。英国的人口几乎翻了一番,到 18 世纪末增长尤快。当然,按今天的标准,当时的人口算不了什么(一位历史学家提出的比较方法,是在今天的英国人口中,每 7 人中减去 6 人,便是当时的人口)。但人口越多,能到工厂做工的就越多,产品也有更多的人买。这就提升了市场规模。

在作家丹尼尔·笛福(Daniel Defoe)笔下,18 世纪的英国是由两个阶层的人组成的:制造商和零售商。大多数历史书在讲到工业革命时,关注更多的都是制造商;但消费者至上这一观念的出现也同样重要。当时有个人物,巨人般横跨两个阶层,这就是乔赛亚·韦奇伍德(Josiah Wedgwood)。他有着科学家的直觉。为了生产他那别具一格的碧玉陶瓷,也为了研制首个高温温度计(用于测量陶器烧窑里的温度),他做了 5000 多次实验,每次都有详细记录。在制造方面,他有出色的组织能力,所生产的质地精良的陶器,他称之为"中等阶级"的那些人也能负担得起。不过,我们今天还记得他的真正原因,则是他对一个领域的超前涉足:品牌。而这个领域我们一般认为是 20 世纪所专有的。

乔赛亚·韦奇伍德 1730 年出生于斯塔福德郡的伯斯勒姆,是家中 13 个孩子里最小的一个。他父母都在当地的陶器厂做工。学徒期满后,他被当时英国最有名的陶艺师托马斯·威尔登(Thomas Whieldon)看中,于 1754 年成了威尔登的合伙人。随后,他开始了他的实验,其目的,用他自己的话说,是"要对我们的产品,在质地、釉面、颜色以及器形方面做出实

《乔赛亚·韦奇伍德肖像》(*Portrait of Josiah Wedgwood*),乔舒亚·雷诺兹爵士(Sir Joshua Reynolds)创作于 1782 年。韦奇伍德和瓦特一样,对商业合作伙伴的重要性都有很强的意识。瓦特有博尔顿作合作伙伴,韦奇伍德则有本特利。

质性改进。"

1759年，他租了个名叫"常春藤工坊"的小型陶器厂，自己做起生意来。厂房租金每年15英镑，他还雇了自己的堂弟来打短工。他的生意做得不错，3年后的1762年，搬到了一个叫作"响铃厂"的地方。厂子的名字来自他招呼工人的习惯：他不喜欢用喇叭，而是用铃铛。就在这一年，他遇到了来自利物浦的商人托马斯·本特利（Thomas Bentley），随后两人结成了密切的合作伙伴。19世纪中期，在一个收废品人的院子，从一堆准备卖给杂货店包东西的纸里，人们发现了他给本特利的信。从这些信中，可以清楚地看到，他对产品营销是多么精打细算。

当年报纸上登出的"女王牌陶器"广告。从中可以看出，对王室的特许，韦奇伍德将其广告价值用到了极致。

他所开发的奶油色陶器，既精致又便宜，上市后很受欢迎。1765年，他给夏洛特女王供应了一整套奶油色茶具，而且经王室同意，精明地把自己的产品重新命名为"女王牌陶器"。1767年，在给本特利的一封信里，他不加掩饰地写道："对女王牌陶器的需求还在不断上升。我们的奶油色陶器，现在好像全世界都在用，全世界都喜欢，这是多么奇妙啊！这一成就在多大程度上归功于其美观实用，多大程度上归功于其推介呢？这个问题值得我们深思，这对我们今后的管理是有帮助的。"

本特利的个人信件保留下来的很少，在其中写给利物浦朋友的一封信里，透露了韦奇伍德被任命为女王专用陶艺师后，他们的生意在王室圈子里的火爆程度。信中写道："我和韦奇伍德先生，把女王定制的一些浅浮雕产品带到了王宫，这吸引了许多王室成员前来参观。我们就产品的改进做了讲解，对此，他们非常满意。他们用最亲切、最谦逊的态度表达了对我们产品的关注，并且非常随和地跟我们聊起产品还需做出哪些改进，等等。"

韦奇伍德的"女王牌陶器"中，最负盛名的是俄国女皇凯瑟琳二世订制的一套952头的晚餐和甜点用具，其特点是上面带有1244幅手绘的英国风景画。这套用具又叫"青蛙陶器"，因为每件上面都雕有青蛙头。对韦奇伍德而言，制作这套产品有点冒险，因为他知道，手绘那么多风景画的难度和开支，会削弱他的利润空间；但同时他也认识到，这将有潜在的广告价值。他的处理办法是，利用人们对参观展览的热情，把这套女皇陶器拿到伦敦展出，而且参观需要买票。这更使这套产品身价倍增。

韦奇伍德在纽卡斯尔安德莱姆建起了漂亮的工厂，并将其命名为伊特鲁里亚。这本是意大利中部的一个地名，考古学家曾在那里挖掘出不少陶器。他修建了工人宿舍，改善了周边道路，并开始为开挖当地运河募集资金。由于运河，他在斯塔福德郡的陶器生意日益兴隆。1766年，当特伦特与默西运河开建的时候，他象征性地挖了第一锹土。他的住房伊特鲁里亚堂，就正对着运河以及厂房，显示着他对自己所取得成就的自豪。

他引进了推销员这一做法，在伦敦之外的各地举办了不少促销活动。对国内订单，他一律免费送货；顾客对产品不满意，他一概包退；对破损的陶器，还可以包换。当然，对伦敦的重要性他是有深刻体会的。早期时候，他让哥哥约翰在那儿做代理。但随着生意的扩大，他意识到应当加人。1765年8月2日，他给约翰写信说："你知道，我一直在讲，要派人常驻伦敦，推介新产品，处理订单，收取货款，等等。现在我的产品增加了，其中好多还被用作装饰，我更感到有必要安排一下，也想就此听听你的意见。每年工资50英镑，租两个房间，这在伦敦够不够？"

伦敦的规模使其成为最重要的市场。18世纪中叶，这里居住着全英格兰11%的人口。伦敦还是个集散中心，因为中间商批发瓷器、陶器，往往是找伦敦的经销商，而不是直接到生产商那里批发。但对韦奇伍德而言，最为重

韦奇伍德合作伙伴托马斯·本特利。画中还有数件使韦奇伍德得以出名的碧玉陶瓷。

要的是，这里是时尚中心。他在伦敦开设了样品陈列间。他和王室及贵族的关系保证了他的社会地位。

韦奇伍德有着灵敏的市场嗅觉，对他的顾客群（其中大部分是女士），更是小心翼翼地满足其需求。在1767年5月31日写给本特利的信里，他对产品销售的那种细腻表述，读起来很有意思。

我发现我并没跟你讲清楚，为什么需要大点的房间。这不是为了显示我们这里的存货充足，而是为了展示我们不同风格的餐具和茶点用具。我想把这两种产品分别摆放在两排桌子上，并尽可能摆得美观、整齐而亲和，以适应女士们的胃口。我还准备用不同种类的花瓶来装饰墙面；而且无论是桌子上的，还是墙上的，每隔几天就重新摆放一次，让客人每次来，自己也好，带朋友来也好，都会感到耳目一新。如果做生意的同时能享受愉悦，这样的效果我想我不必多言。在伦敦举办的任何展示、

展览等，人们看一遍也就够了，很快就失去了新鲜感。除非展品的实用性，或者我上面谈到的那些特点，仍能让他们保持关注。除了我们的陶器需要大点的房间外，我也得给我们那些女士准备大点的房间，因为她们有时成群结队地来，得等上一拨走了，下一拨才能进。

韦奇伍德陶器产品如此火爆的另一个重要因素，是他对古典风格的采用。对古典的东西韦奇伍德本人所知有限，但本特利知道的要多些，而且对什么东西更受欢迎具有同样敏锐的嗅觉。1748 年，他们在庞贝进行了挖掘。在 20 世纪的考古学家看来，他们的挖掘很不科学，造成的损坏，甚至超出维苏威火山喷发所造成的损坏——但这次挖掘之后，庞贝成了欧陆旅行中的一个五星级景点。

18 世纪 60 年代后期，无论是建筑，还是室内设计，都深受古典风格的影响，而韦奇伍德将这种影响扩大到了陶器。碧玉陶瓷——在这一

韦奇伍德很早就意识到伦敦作为时尚之都的重要性，这是他取得成功的一个重要因素。他在伦敦的产品展示间，布置得毫不亚于艺术展览，别人对此纷纷仿效。

仿照那些拥有领地的贵族们的做法，韦奇伍德委托乔治·斯塔布斯（George Stubbs），于1780年创作了这幅画，描绘了他和家人在伊特鲁里亚堂前的情景。画中右一是韦奇伍德，右二是夫人萨拉，其余是他们的孩子。斯塔布斯在伊特鲁里亚堂住了两三个月，其间一面教韦奇伍德的儿子们画画，一面完成自己的这幅作品。

著名精致的瓷器上涂有浅色的背景并附着精心设计的白色人物浮雕，就是为了与著名的建筑师罗伯特·亚当（Robert Adam）等所做的室内装饰保持风格上的一致。

18世纪70年代，英国一度出现了"花瓶热"，其间韦奇伍德开发出一种带细木纹的黑陶，产品种类包括浅浮雕像章、半身雕像和大奖章，等等。他对这种材料充满信心，曾预测说："黑陶就是真金白银，永远也不会过时。"后来，他的陶器除了实用，也开始进入装饰品行列，甚至成了收藏品。许多产品，例如碧玉陶瓷中配有淡蓝或淡紫色底座的白色国际象棋，就是和约翰·弗拉克斯曼（John Flaxman）等艺术家一道合作开发出来的。

韦奇伍德在公关方面颇有手腕。1769年6月13日，伊特鲁里亚工厂正式开业时，他推出了6只"首日花瓶"，由他和本特利联手制作，而且由本特利亲自启动转轮。更厉害的是，他在营销方面极为精明。他最有胆量的一个举措，是把大量的样品甚至退货打包，寄给欧洲大陆国家的贵族家庭。这些包裹里，往往还带有他的亲笔信，信的字里行间充满了恭维。下面这封写给法国舒瓦瑟尔公爵的信，就是一个例子。这位公爵当时也是法国的一个部长。

我了解法国人对英国货的品位，我想阁下也会原谅我，未经允许就给您寄来完整的一套仿古茶壶和花瓶。这套器具仿的是希腊、罗马或伊鲁特里亚的风格，可以用来装点居室。器具所用材料产自在英国女王亲自关心下新近开设的工厂，为此，这种产品也叫女王牌陶器。给阁下寄来的这套，跟俄国女皇订制的那套完全一样，丹麦国王与波兰国王也都各自订购了一套。既然王族对这些器具如此喜爱，我想阁下您也不会不喜欢的。

关于其产品像欧洲大陆的产品那样享有王室青睐的说法，韦奇伍德未免有些言过其实；他就法国人对英国产品接受程度的评价，也有些盲目乐观。那时的法国，洛可可式风格仍然占据主导地位。消费税的征收，国王路易十五、路易十六下令颁发的布告，都使王室御用生产商得到了很好的保护。

因此，韦奇伍德这一招并未奏效。不过，有其他方面的成功做保障，他把寄送样品的做法，扩大到了许多欧洲小国。这是一步险棋：据他估计，这样做的成本高达 2 万英镑（相当于今天的 200 万英镑）。不过，这样的冒险是值得的。到 18 世纪 80 年代，出口产品销售已占到其销售总量的 80%；到 18 世纪 90 年代，他在阿姆斯特丹、安特卫普、圣彼得堡、意大利和德国许多地方都设立了代理商。

他的主顾之一是德国安哈尔特－德绍的一位王子利奥波德·弗里德里希·弗朗茨。这位王子爱好艺术，是知名的亲英派。他在沃利茨乡下的庄园，简直就是小英格兰：他甚至带领园丁到英格兰学习园林设计。这把他的庄园变成了英式风格展览中心。从非常英式的花园，到非常英式的框格窗，到非常英式的新古典派房间，无不昭示着主人的品位，也给韦奇伍德的陶瓷产品提供了一处完美的摆放之地。

这所庄园是开放的，王室成员、贵族、学者以及众多的中产阶级成员纷纷前来参观。德国大作家、哲学家歌德就曾数次造访，其中第一次是在 1776 年。他非常喜欢这里花园的自然风格，但对室内摆设的工业色彩不以为然。在他看来，工业会扼杀艺术。

王子的藏品中，有 40 多件款式漂亮的"伊特鲁里亚"黑陶花瓶。这是按威廉·汉密尔顿（William Hamilton）爵士在意大利南部挖出的破损陶瓷所做的仿品。原件本身实际上并非伊特鲁里亚风格，而是希腊风格。不过韦奇伍德看重的是其市场的号召力。

剧变：英国工业革命

"一种说法是，汉密尔顿认为，他收集的那些花瓶对希腊人而言是非常名贵的，因为都属于随葬品。"玛克辛·伯格介绍道，"但对古希腊人而言，可能没有那么名贵。有种很有意思的说法，认为这些花瓶不过是金银器具的仿品，目的是显示死去的主人的财富与名望。韦奇伍德仿制的，是汉密尔顿觉得值钱的玩意儿，但值不值钱不一定。不过他的做法还是很聪明的，把仿品的仿品做成了珍品，卖出了高价。"

18世纪，仿制品一度风行，这一点，从这一时期专利取消的情况也能看出。1776—1800年，共计19项专利因有仿制成分而被取消，其中5项仿制是金属鞋扣和衣服扣，4项是镀锡，3项是陶瓷制品。显然，韦奇伍德并非唯一一个从仿制品尝到甜头的人，但他开创了一种模式，一种把仿制品做得让社会各界人士都动心的模式。这位"花瓶大王"提供给贵族们的，是他们到欧洲旅行时才得一见的花瓶式样；卖给中产阶级的，则是英国豪华古宅中的花瓶式样。

韦奇伍德对专利非常重视，他对商标的使用，在那个年代也非同一般。他所生产的装饰性器具都盖有他和本特利的名章；实用性器具也刻有他的名字。相比之下，德国梅森的陶瓷产品上面仅是一个不带名字的简单图形，原是两支交叉的剑外加一个圆点；1780年后把圆点改为了五星。只从商标角度看，这似乎也没什么，但在18世纪，韦奇伍德的产品在时尚程度上要远远高出梅森陶瓷。从弗朗茨王子对陶瓷的选择上就能看出这种差异。梅森工厂离他的庄园仅有100英里，但他仍到英国去选购陶瓷产品。

韦奇伍德的产品之所以更为时尚，一方面是应用了最新的工艺；另一方面则是融入了古希腊、古罗马等灿烂文明的因素。弗朗茨王子是位改革派，对启蒙时代的思想家崇敬有加，所以他更青睐英国产品。

"韦奇伍德的陶器更现代，更新潮。"玛克辛·伯格接着说，"而梅森的产品似乎从未赶上新古典主义的潮流。他们的设计师还是沉迷于18世纪30年代的那些款式。这些款式当年很受欢迎，但早就过时了。你可能

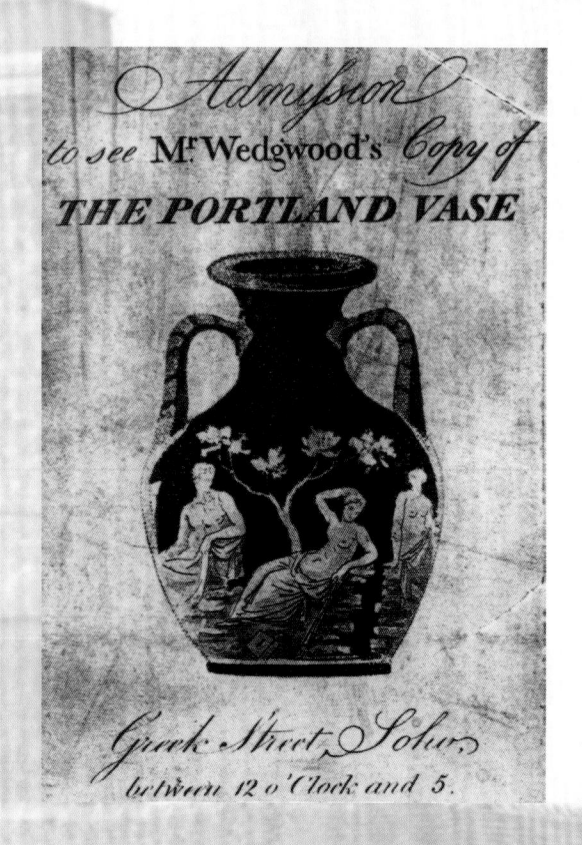

韦奇伍德的产品多为古董的复制品，对此，他不仅毫不讳言，而且将其作为一个营销策略。他还开设了买票才能参观的样品展示，这给他的产品增添了神秘色彩。

会问：弗朗茨王子，还有其他德国人，干吗不开设自己的陶瓷厂，生产更漂亮的产品呢？实际上，在拿破仑对德国进行封锁的那段时间，弗朗茨王子无法从英国购买他想要的东西，他的确在德绍投资建了个小厂，生产能力至少能满足他的需求。不过还是没能奏效，因为质量赶不上英国产品。韦奇伍德拥有各类技术工人，形成了一个完整的网络，不仅是在斯塔福德郡，而且遍布英格兰。而在当时的德国，这一点还做不到。所以没过几年那个厂子就倒闭了，之后弗朗茨王子也去世了。"

伊鲁特里亚工厂的劳动效率靠的不是自动化，而是精细的分工。这是欧洲首家按工业组装线原理设计的陶瓷厂，不同种类的陶瓷各有长长的流水作业线。原材料经由陆路或门前的运河运到厂里，随后经过不同车间里的加工和烧窑里的烧制，做好的成品又回到河边，等候验收和运输。

从一开始，厂子就安装了水电设备，用运河的水发电。韦奇伍德使用了装有特殊工具的电动车床，可以在陶器上重复刻出同一曲线模式。当然，机械化还很有限，工匠的个人技术仍然是无法替代的。

相比之下，在棉纺织业，机械化则发挥了关键的作用。与此同步的产品营销，把棉制品打造成了高端产品，而此前仅仅是实用品。本来，从印度进口的棉布颜色各异，又很廉价，用这种布做的衣服人人都能买上几套。这里营销的窍门，是让消费者感到棉布衣服也可以很时尚，而且不必进口，英国本土的制造商就能批量生产。用经济历史学家的话说，

伊鲁特里亚工厂从设计伊始就计划建在运河边上。这条运河也是韦奇伍德运作的结果，目的是为了方便与伦敦和利物浦之间的交通。

这叫进口替代。而这，便是本章开头提到的探究瓷器制造秘密的动力所在。

到18世纪末，英国人的购买力已近乎疯狂。平均每50人便有一家商店；消费者越来越有时尚意识；市场也越来越自由。最后这点，便是格拉斯哥大学道德哲学教授亚当·斯密（Adam Smith）在其1776年出版的《国富论》中提到的导致经济增长的几个基本条件之一。需求是明摆着的，纺织商只是抓住了机会。

1765年，英国的纺织总量是价值50万磅的棉花，全部是手纺。1784年，这一总量跃升到1200万磅，全部是机纺。随后的1785年，瓦特和博尔顿的新型蒸汽机，首次安装到了诺丁汉郡的一家棉纺厂，为织机提供动力。这一举动被许多人看作是工业革命的"大爆炸"。纺织机械化的进程一旦开始，便没有回头路可走。到1812年，棉纱的价格仅是1770年前后的1/10，而且还在下跌。到1830年，棉布料占到了英国出口贸易量的一半以上。而这，竟是出自一个看不到棉花种植地的国家。

蒸汽机的使用使棉纺厂摆脱了建在水边的要求，这直接为众多工业城市带来了快速增长。在许多人的概念中，这些工业城市便是工业革命的标志之一。1830年，每80个英国人就有1个在棉纺厂工作。手工业者不情愿又很艰难地适应机械化的纺织程序，这一过程并不像上面谈到的那么简单。查尔斯·狄更斯在其所著的《艰难时世》一书中尖锐地将手工业者称为"机械手"，为表达工业化在消磨人们的个体性。

纺织业的机械化造成了大量失业。第一轮冲击波影响的是在家里工作的纺织女工，她们没有公共平台来发声，也没有行业协会的支持。第二轮里，坐了冷板凳的则以男纺工居多，因为机器的使用创造了一些技巧性很强的工作，对此，女工和童工更为适应。有些下岗男工转到阴冷潮湿的地窖里接着做纺织，工资越来越低。有些能说会道的，则通过行业协会或报纸发泄不满。就手工纺织，还成立了一个皇家调查委员会，但一切已不可逆转。不过，在有些地方，纺织业的自动化也没那么快。例如，约克郡的一群纺织女工联手开办了一个合作社性质的毛纺厂，以此来保持她们的独立性。她们仍在家里纺织，到最后阶段才把织好的布拿到厂子里统一处理。考文垂的一些丝织工人还发明了一种"半路厂房"的工厂制度。他们住的小屋沿着院子一字排开，顶头部分安装了一个蒸汽发动机，其所驱动的机轴穿过所有的屋子。工人们只要交租金，就能接上电源。这让他们保持了一种相对的独立。但面对机械化的大潮,这些措施终归无济于事。

高物价和农业歉收也直接影响到工人阶层,罢工、抢粮、捣毁机器等事件,无不表达着他们的不满情绪。然而,这里要问一个问题:对待机器潮,为什么后来英国没有抗议了呢?而在欧洲大陆,行会则设法抵制了机器的使用。法国的情况比较特殊,因为那里什么都是由国家控制。如果你能制止像沃康松这样由国家指定的代理,那你就能有效地阻止机械化进程。在英国,开设新工厂不是靠政府,而是靠中小企业主。新工厂的选址往往远离传统的手工业中心,因而几乎不受行会影响。抗议和抵制可能会使个别企业受挫,但无伤大雅。

有意思的是,英国工业革命的高潮期恰恰是在战争期间。拿破仑战争给法国带来了巨大的财政赤字,政府首次开始征收所得税。法国大革命表明,如果一个国家的税收制度出了问题,后果会多么严重。英国政府也在募集资金,但并未引发反抗,虽然有时离反抗也已不远。有历史学家指出,从1815年滑铁卢之战到1819年彼铁卢大屠杀之间的数年,英国最为接近社会革命的边缘。彼铁卢的名字,与滑铁卢很接近。这本是一次平和的、以政治改革为题的会议,地点在曼彻斯特郊外的圣彼得运动场。会议以悲剧告终。政府派出的骑兵冲击了会场,造成11个工人殒命、400多工人受伤。

撇开英国国内问题不说,在本章所涉及的100年内(1730—1830年),英国参与的所有战争,战场都是在其他国家。这对英国极其有利。英国的武器制造商生意繁忙,但本土并无战事。政府税收使国家能顶住经济封锁,同时也没有削弱人们购买消费品的能力。当拿破仑说英国不过是个商贩之国时,他可能也在提示导致自己败北的一个因素。

1830年,也就是战胜拿破仑的15年后,"火箭号"开始在利曼铁路上通行时,英国的消费者资本主义已有了长足发展。游客、工业间谍和纯粹的好奇者,纷纷前来参观。他们看到的情况,使他们既心怀敬佩,同时又感到害怕。

"19世纪20年代和30年代,曼彻斯特成了旅游热点。"西蒙·谢弗说道,"许多人就是想来看看这里到底发生着什么。他们的感受是,这里是地狱和未来的混合体。那问题就是要梳理一下,你到底想要什么、不想要什么。不想要的东西可能很多。你不想让工业城市无限扩张,你不想要大片大片的黑烟,你不想让这个世界变得疯狂……而在不少旁观者看来，世界已经疯了。"

想调查和了解这个新兴工业国家的并非都是外国人。家住英国南部的威廉·科贝特（William Cobbett），1830年初到北方游历了一番。他的记述，看着就像是到了外国。

> 从利兹到谢菲尔德，一路都是煤和铁，铁和煤。我们抵达谢菲尔德之前，天已经黑了，所以我们看到了炼铁炉那不熄的火焰所呈现的壮丽图景。再没有什么比从那炉顶不断升腾的黄色火焰更为壮观了；也再没什么比这更奇妙了……凝视着火苗，你会感到惊诧；凝视着火苗，你不可能不相信，其他国家无论在棉花、羊毛方面多厉害，但在钢铁方面，他们再也无法与英国相提并论。谢菲尔德及其周围煤和铁多得是，难怪他们称其为"黑色的谢菲尔德"，倒也名副其实。就是在这个地方，生产着全国90%的刀具。我知道，伯明翰就不产刀具，那里产的是各种工具、各式各样的锁、枪械、剑以及家用五金器具。

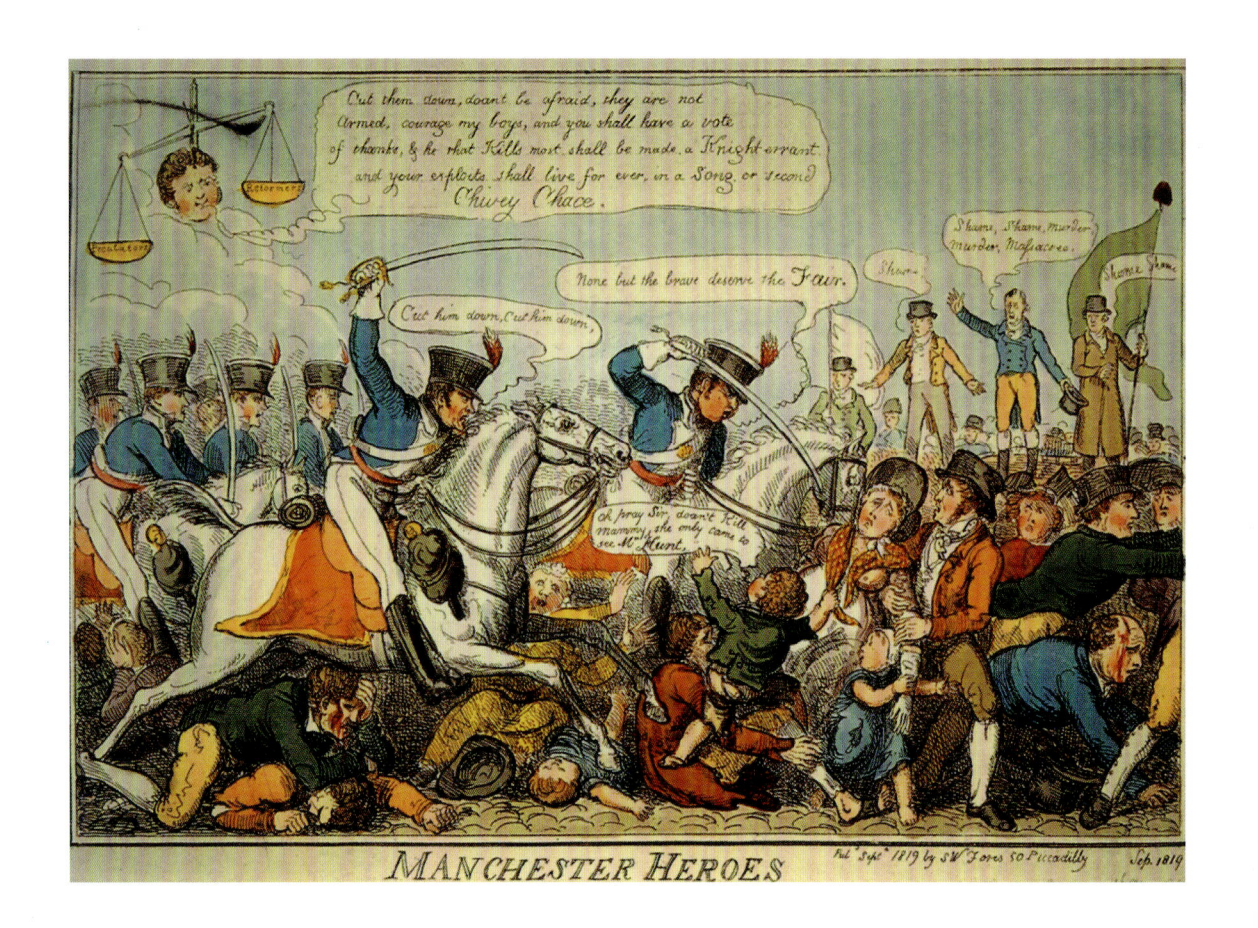

彼铁卢大屠杀。这次事件中，手无寸铁的群众遭到了骑兵的砍杀。当时有6万多人，其中包括妇女儿童，聚到这里听一个激进派农民亨利·亨特（Hen Hunt）的演讲。演讲中提到的"公开致谢"，触到了人们的痛处：作为英国第二大城市的曼彻斯特，当时没有一名国会议员。

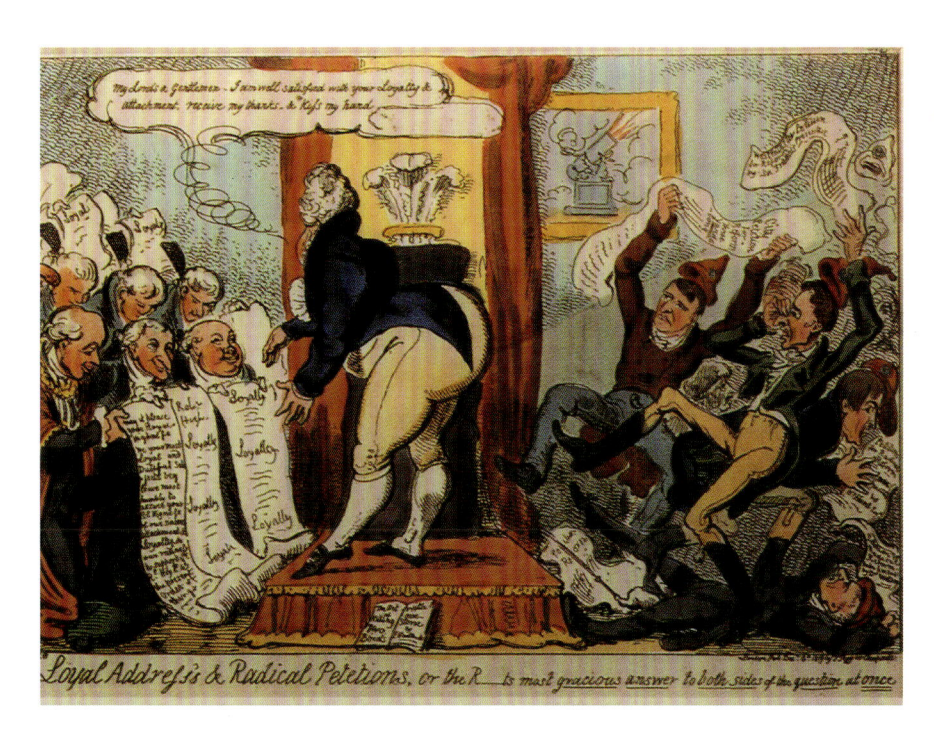

乔治·克鲁克香克（George Cruickshank）所绘的《1819年的忠心演说和激进上诉》。这幅画尖刻地讽刺了当权者对彼铁卢集合所采取的镇压行为。在此幅图中摄政王（未来的乔治四世国王）一边在向一群忠心的谄媚者发表演说，一边朝另一边激进的改革者放屁。

　　煤、铁、黑烟……这一切，在当时的英国，不可逆转地交织在了一起。在艾伦·麦克法兰看来，我们的现代文明，首先是在用煤的基础上发展起来的，后来则是靠石油等其他碳能源。没有煤，英国不可能发生工业革命，我们还是会在农业社会中徘徊。

　　"煤的使用，关系到一切生产，同时也改变了我们的视觉世界。"麦克法兰说，"有人指出，如果你周围都是黑乎乎的建筑，烟囱里冒着黑烟，天天和煤、铁打交道，那你会觉得一切都是黑的。想想维多利亚时代，你想到的是黑色的礼帽、黑色的葬礼以及黑色的城镇。黑色、煤、工业、铁，就这样融为一体。我们所处的时代，已经脱离了那种黑色；但我们是穿越了黑色，才有了今天。这是一场巨变，这场巨变的基础，就是煤这种特殊物质。"

　　看看1830年前的100年间所发生的大事，就可以看出，在这场巨变中，英国为什么比其他欧洲国家更具优势。对德国人来说，贵族阶层之外的市场是难以想象的。对法国而言，虽然不乏天才发明家，但人和机器没能协调起来；此外法国大革命也分散了注意力。英国则相对稳定，有着宽松的社会环境和鼓励个性发展的社团组织，有着不断膨胀的人口，使得工业化生产的产品也有市场。可能本章开头所说的若干因素，就是以上各项因素的有机组合。

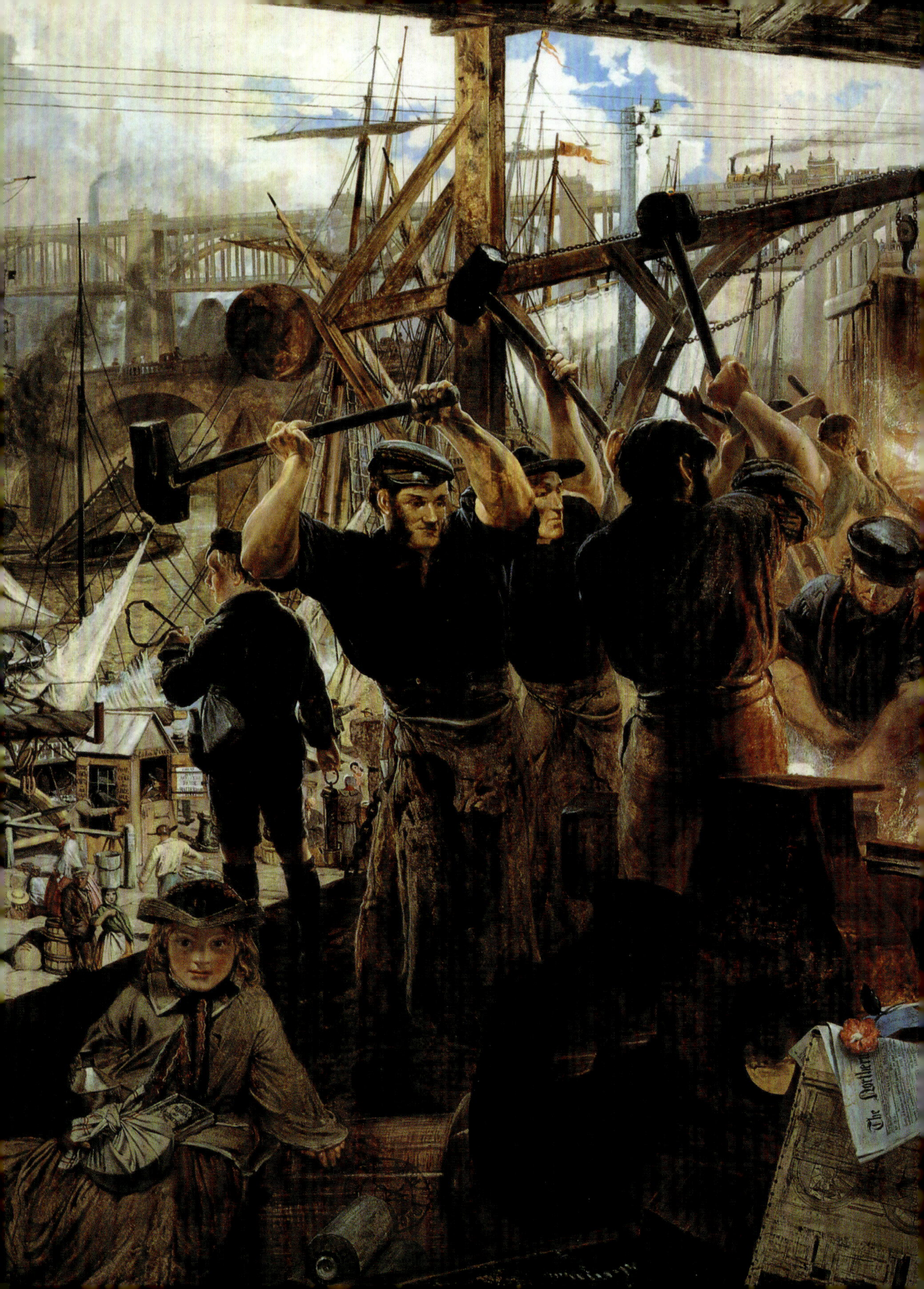

这是一场典型的维多利亚时代葬礼，送葬者跟在一辆饰有羽毛的灵车后面。他们的衣装体现了19世纪里黑色那无所不在的影响。

不过，上述各项还是无法解释，为什么西欧拥有其他地区所不具备的优势？要充分回答这一问题，我们需要跨越大西洋和太平洋，沿着商船走过的路线，把视线延伸 250 年。

（对页）诺森伯兰郡沃灵顿市政厅里的壁画《煤与铁》，威廉·斯科特（William Bell Scott）作，描绘了工业革命期间的黑色能源。钢铁工人挥着铁锤，后面站着一个手拎矿灯的小矿工。画面背景里，一列火车正冒着蒸汽驶过罗伯特·斯蒂芬森的高架铁路桥。就连画面前方的小女孩，也与作品主题保持了一致：她膝上放着的是一本算术书。

第三章　财富之船

> 时间：1600—1850 年
> 跨度：250 年
> 地点：西欧—北美—奥斯曼帝国

在前面两章，我们对工业革命这场能量大爆炸的讨论，所涉及的内容还都是发生于我们所熟悉的地域中。显然，18 和 19 世纪的英国的确有许多与众不同的地方。然而，要解释为什么欧洲的这个海上一角的文明成果居然征服了全世界，上面的回答是不够的。

让我们回溯到 1600 年，那时的英国还是一个饱受战争之苦的小国。而在五大洲都有自己殖民地的荷兰，远非诗人安德鲁·马弗尔（Andrew Marvell）所形容的那么死水一潭。在题为《荷兰特色》（The Character of Holland）的诗中，他用轻蔑的口气写道：

荷兰，小小的哪里称得上是土地；
不过是从不列颠沙滩冲走的垃圾。

而且，与此前一个世纪横扫一切的奥斯曼帝国相比，英国的经济和军事发展并不乐观。许多基督徒害怕伊斯兰教的传播，就像 20 世纪冷战期间，西方人害怕共产主义的传播一样。

荷兰也好，奥斯曼帝国也好，都曾不可一世，都貌似具备了现代工业社会的基本要素。可到了 1850 年，都已被英国超越。我们的历史学家希望破解的谜团是：为什么？

本章所述的历史事件，大多发生在海上，大多与英国海军和航海探险有关。1588 年的英国海军，刚刚躲过了西班牙无敌舰队的一劫。英国这一时期的特点，是对未知世界的强烈好奇，以及随着对异域物品和可用植物的搜寻而进行的贸易新航线的开辟。理解自然、征服自然，成了科学家和商人共同的目标；而科学和商业之间的共生关系，还是我们故事的一项重要内容。

1609 年 9 月，一艘名为"弦月号"的航海帆船在一条河里溯流而上，途经一个岛，这个岛后被称为曼哈顿。船长是位英国人，名叫亨利·哈得孙（Henry Hudson），他的任务是探索一条通往中国的新航线。当时，船上也好，船下也好，人们压根不会想到，他们路过的这个岛，有一天会成为世界上最大的城市之一。而且据当时船长的记载，当地土著民对他们态度粗暴，充满敌意。

当时的北欧人一心想寻找一条通往东方的捷径，以避免海浪咆哮、艰苦耗时的好望角或合恩角。哈得孙曾试图直接走北极，也曾试过取道西伯利亚北部海域的北东航线，但这两次航行都因浮冰而折返。现在，他在探索西北方向有无可能。船上没人知道美洲大陆有多大，因此，对哈得孙而言，他本以为很快就能把他带到太平洋的这条哈得孙河，最后把他带到了奥尔巴尼①。

在乔尔·莫克尔看来，寻找最经济的贸易航线，是当时欧洲人的一大特点；另一个特点，则是航海家四处寻求资金支持的方式。哈得孙是个英国人，但他用的是荷兰船，船员也是荷兰人，费用由荷兰东印度公司支付。

"对祖国的忠诚，在执行那些航海任务面前，是要放到第二位的。"

---
① 奥尔巴尼，美国纽约州首府。——译者注

(对页) 雅各布·范·勒伊斯达尔的《埃赫蒙德海滩》，描绘了典型的、风吹平野的荷兰地貌。

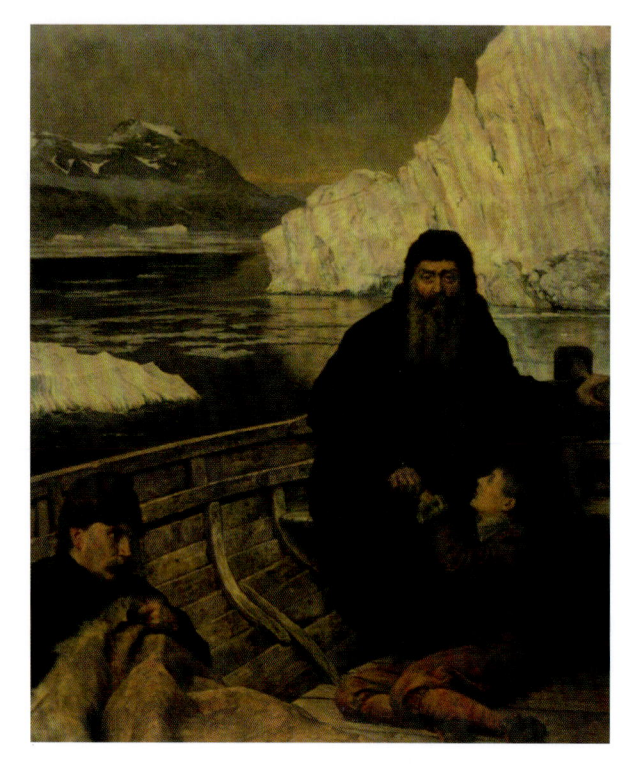

J.科利尔所创作的《哈得孙最后的航行》，描绘了摆在这位伟大的探险家前面的冷冰冰的命运。画中的孩子，就是他儿子约翰，当时才十几岁。

莫克尔解释道，"在某种意义上，这也揭示了欧洲的一个秘密——欧洲国家之间的竞争，让哪个国家都不敢落后。如果你真的落后太多，而这种情况偶然出现，那你就会从政治版图上消失。17世纪中叶的西班牙和葡萄牙就是这样。他们不再参与竞争，于是荷兰、法国和英国就接了过来。假设那时有个了不起的统治者，把全欧洲统一到一个政府之下，然后他儿子说，'我不想再看谁兴风作浪，我喜欢目前的状况，我们保持下去好了'，那欧洲的创新精神可能也就完了，我们也就不可能再有什么工业革命。"

不过，欧洲国家间彼此竞争的负面影响，则是各国频繁交战所带来的巨大的人口和物力损失，这种交战，贯穿于本章所述的这段历史时期。在不同时间段内，英法、英荷分别作战；即使没有战事，彼此间的贸易对抗也非常激烈。亨利·哈得孙回到伦敦后的遭遇就充分说明了这点。他的船被扣留，记有很多珍贵信息的航海日志被没收，船员也被关进了监狱。他本人则被禁止从事任何航海活动，除非是与英国船员一道。1610年，他遵命执行了另一个由英国资助的航海任务，船一直开到今天的哈得孙湾。部分船员哗变，把他和儿子以及其他7名船员赶到了一条小船上，漂向海里，从此再也不见踪影。

英国采取的阻止荷兰染指北美的强硬手段，短期内并未奏效。荷兰皮货商沿着哈得孙开辟的航线来到北美，并在现在的纽约金融区开辟了立足点。1626年，荷兰从印第安人手里买下了曼哈顿。乘船前来定居的第一批荷兰人，把他们上岸的地方称为新阿姆斯特丹。到17世纪中叶，这里已经是一个住有1000居民的繁荣小镇。镇南有处炮台，镇北是一堵木墙，为小镇提供了保护（华尔街的名字，即源于这堵木墙①）。镇上的房子是典型的荷兰风格——山墙加瓦顶。为让新来的居民有家的感觉，这里还设有风车与运河。

---

① 华尔街的名字，本意是"墙街"，其中的"墙"，即指这堵木墙。——译者注

的确，在大多数人印象里，运河与阿姆斯特丹密不可分。对当代游客而言，运河是其古朴特色之一；但 17 世纪早期，对这个当时最为富庶的城市而言，运河则是其交通动脉。这个时期，是荷兰人的黄金时代，他们的舰队控制着海上要道；他们的商人操控着全球市场。对荷兰人而言，最为习惯的是海上贸易和海上远航，因此他们是按中心运河系统来设计阿姆斯特丹的，通过运河，海水可以一直到市中心。谁要有点多余的阁楼空间或吊梁，谁就能多挣点钱。不少人在运河上做生意，也发了小财。

阿姆斯特丹是个国际市场，货物来自全球各地：日本和瑞典的铜器，波罗的海的谷物，东方的茶叶，印尼的香料，墨西哥的银器，等等，不一而足。就像丹尼尔·笛福（Daniel Defoe）说的："他们是欧洲的代理人，也是欧洲的中间商。他们买进又卖出，运进来又发出去。他们那巨大的贸易量，是靠世界各地的供应来支撑的，他们转而供应世界各地。"

作为一个崭新城市，阿姆斯特丹对贸易模式的变化非常适应，城市的扩张也极快。1600 年，也就是荷兰东印度公司成立的两年之前，这里的人口是 5 万；到 1662 年，就翻两番到了 20 万。阿姆斯特丹人勤劳节俭，其中还有不少勇敢而强壮的水手，随时可以做海员，随时准备乘当时最好的船出海。

安德里斯·范·艾特维特（Andries van Eertvelt）所作的《荷兰东印度公司船队回到阿姆斯特丹》（*The Return to Amsterdam of the Fleet of the Dutch East India Company*）。这家公司起用了不少战船，威力强大，曾经垄断了荷兰的贸易和航海。

成功的海上探险带来了丰厚的回报。从其早期贸易开始，荷兰东印度公司就精心筹划每次的航行。他们甚至会提前告诉船长，哪种特定货品应当存放在船的哪个部位。香料运输就很划算，因为香料不大占地方，不过容易变质。每艘远航的船只仅装备最低数目的船员；这样，每艘船的航行都能轻而易举地做到自给自足——当然，前提是能够安全返航。船运保险于是成了一门新兴业务。

船上的条件相当艰苦。船员们睡在硬邦邦的甲板上，铺的仅是废弃的船帆或团团的绳索。要是哪个船员得了像痢疾这样的病，很快就会传染给全船的人。营养不良很普遍，因为食物很容易变质，而新鲜水果和蔬菜又十分匮乏。刮风下雨时做饭，还容易引起火灾，这意味着只有在风平浪静的天气里，他们才能吃上热饭（但恶劣天气里，人更需要热饭）。如果船在海上受损，船员们要想活命，当场就得修好。

"弦月号"首次航海时，前桅杆断了，船长干脆让随船木匠回岸上去弄新的。3 天后，木匠回来了，船员们上午把新桅杆拉到船上，下午就已全部就位。这可不是简单活儿，因为桅杆要支撑起一整套的绳索和船帆，不过那天的航海日志似乎更为关注捕鱼成绩——38 条龙虾、45 条鳕鱼。

哥伦布等早期航海家有皇家支持，而且承担着宗教任务。亨利·哈得孙等人则是由私人公司赞助，他们知道，他们需要通过探险得到商业上的回报，这样才能有钱进行更多的探险。好在他们即使没能实现原定目标，也能满载而归。对荷兰人而言，他们的收获更大，因为他们的船体很深，比其他船更能装。这样，外国港口收税时，他们比其他船能少交 10%～15%，因为按当时的计税习惯，是以船为单位来计算的。

在外国港口，荷兰人也像其他欧洲人一样，拿不出什么物品去换他们想要的当地货。然而，在那些成熟的航线上，他们有不少精明的招数，能够保证自己的船不至于空手而归。例如，在北美，他们就做起了贝壳串珠的中间商。这种用贝壳做的珠子，美洲印第安人用作货币。住在林子里的印第安人，有成堆成堆的海狸皮，但没多少串珠。荷兰人在海边的印第安人的帮助下，给林子里的印第安人送去了串珠，也得到了他们想要的海狸皮。

荷兰是个以新教为主的国家。17 世纪的荷兰社会，开放而宽容，是犹太人和其他在本国受迫害的少数民族的避风港。不分种族、信仰，人人都可以做生意，而且有良性竞争的商业氛围。工业化的一个关键因素是充足的资本来源，在这方面，荷兰做得可圈可点。他们拥有令世界眼红的金融机构，而且对投资严肃认真。

然而投资会出问题，正如一般人花钱一样。以郁金香这一最能代表荷兰的花卉为例，一些有头脑的商人发现，这种颇受欢迎的鳞茎有十足的市场潜力，能够轻而易举地赚钱，于是，郁金香的价格很快被抬了起来，有时甚至到了荒诞的程度。对特别罕见的郁金香，人们还用荷兰海军司令的名字来冠名——"利弗金将军"，且值4400弗洛林，这在人们年均收入仅150弗洛林的时代，已是一大笔钱。单枝鳞茎卖出的最高价钱是13000弗洛林——这足够买下阿姆斯特丹城里运河边上最贵的房子。

这种看起来难分高下的鳞茎值钱到什么程度，可以通过一位水手的故事得以说明。这位水手吃早饭时想加点滋味，恰好边上放着个洋葱似的东西。不幸的是，他以为是洋葱的，不过它是一株价值3000弗洛林的郁金香鳞茎，就这样被他吃掉了。结果他被指控偷窃，随后被关进了监狱。

各色人等都加入了郁金香炒作行列，而且天真地以为，这种鳞茎会永远保值。有人花掉了一生的积蓄，有人花掉了本应用来买吃的或付租金的钱。开办于1609年的阿姆斯特丹银行，还随时为人们提供贷款。当郁金香投资泡沫于1636年破灭的时候，许多普通人的生活被毁了。这一插曲明白无误地说明，在新兴的投机社会，人们的信心会有多么脆弱。可悲的是，我们后面会看到，在历史上，疯狂追捧郁金香的那些人，绝不是虚幻财富的最后一批受害者。

郁金香最热的时候，富商们都把他们喜欢的鳞茎锁起来，严加看护。花开时，还雇人画下来，作为投资纪念。鳞茎失去价值后，这些画便有了更大价值。阿姆斯特丹也是艺术品的国际大市场，表现荷兰黄金时代的那些画作就成了最有意义的纪念品。伦勃朗、弗兰斯·哈尔斯、弗美尔等，可能是这

条纹状郁金香是最为收藏者青睐的品种，价钱极高。那些条纹实际上是病毒，不过却使这一品种具有了稀缺性。

一时期最为著名的画家，但同时代的其他画家还有很多、很多。

一般而言，教会是艺术品的一大主顾，不过以苦行著称的加尔文教派，反对在教堂里挂像，虽然他们自己也订制不少艺术品。艺术家的关注点逐渐从宗教题材转到肖像和日常生活，他们的画作，尺寸上有所变小，但更加亲和。把阿姆斯特丹打造成了世界上最富庶城市的那些商人和政府官员，一心想在画布上得到永恒，所以很愿意掏钱。于是，几个世纪以来，他们的画像便带着无比的自信，一直在盯看着我们。

然而，他们这种世界主人的地位没能保持下去。那这是为什么呢？乔尔·莫克尔认为，部分原因在于，他们的工业革命太早了。

"荷兰的成就，在很大程度上归功于技术进步，对此，人们往往忽视。"莫克尔说道，"这不仅仅是个精于买卖的社会。在其黄金时期，荷兰出现了大量的新产品和新技术。"

在那些可能会给荷兰带来更多辉煌的创意中，有两项重要的科学仪器都是由荷兰人发明的：一是扎哈里亚斯·扬森（Zacharias Jansen）于1590年发明的复式显微镜；一是约翰·利珀舍姆（Johann Lippersheim）于1605年发明的望远镜。此外，荷兰还有很多精巧而实用的玩意儿。但在乔尔·莫克尔看来，这些发明不过是中世纪以及文艺复兴时代技术的延伸，荣誉应归功于做出原始发明并且能够批量生产的国家。他是这样解

这些表情认真的官员属于荷兰制桶工和酒架工行业协会，画中的账簿和大印是他们成就的标志。背景中的画像是他们的保护人圣马赛厄斯。

释的:"毫无疑问,大致在1615年以前,荷兰是全世界的焦点;但1650年以后,焦点则已不止荷兰一家。"

行会制度的保守性,对创新是一种阻碍;而相对较小的国土面积和有限的自然资源,也妨碍了经济的进一步增长。荷兰人非常善于利用现有条件。例如,这里地势平坦,因而没有湍急的水流发电,但却是风车的理想场所。同样,这里没有煤,于是他们就用泥煤。不过,这到后来成了另一个阻碍因素,因为泥煤的热量强度根本无法与煤相比。

煤在英国的工业发展中发挥了根本作用。中世纪的人对这种有些味道的燃料怀有偏见,他们宁肯去砍伐森林。不过随着林木资源的萎缩,他们被迫转向采煤。这种黑金资源,不仅可以用来取暖,还能够烧制砖瓦、提炼蔗糖、酿造啤酒、制作玻璃以及炼铁。

煤炭革命带来的是运河革命,因为在公路和铁路出现之前,运输这么重的商品只能靠水路。在17世纪,从纽卡斯尔到伦敦的海岸线上,从煤溪谷到布里斯托尔的河上,到处都是运煤船。1694年,英国开始拓展默西河航道,以使其通航到沃灵顿;到18世纪中期,疏浚与河道的改进,变成了运河网络的修建。煤和新建运河之间的关系,用布里奇沃特公爵的话来说再也明白不过了:"任何好用的运河都应始自于煤运。"

简·范·霍延(Jan van Goyen)所创作的《河边的风车》(*A Windmill by a River*),是荷兰人利用其平坦地势的一个记录。

与此同时，英国决定终止荷兰在公海上的统治地位。1601 年，英国自己的东印度公司由 5 艘舰船组成的船队做了第一次航行。就像荷兰同名的那家公司一样，他们也想寻找香料——不过，海阔凭鱼跃。1603 年，英国东印度公司的一名船长记录了他在圣赫勒拿岛所做的一次停靠。在这里，他们解救了一批陷入断粮困境的法国与荷兰船员，支援了他们 6 木桶的猪肉、2 木桶的鱼、1 木桶的大豆，还有 500 个面包。这只船队当时正载着 103 万磅的胡椒粉回国，可能他们觉得，慷慨点也没什么。

实际上，恰恰是胡椒这一逐渐被荷兰垄断的产品，差点在盛产香料的岛上引发战争。在英国附近海域，在北海、波罗的海和英吉利海峡，荷兰贸易船只的强硬把控让英国人极为不满，于是决定采取对抗措施。他们先是通过了一系列航海条例，禁止荷兰货船运送外国商品到英国港口；随后又动用军事力量来保障条例的实施。

第一个《航海法案》颁发于 1651 年，国王查尔斯一世被处决的两年之后。第二个颁发于 1660 年——这一时间，会让许多人想到查尔斯二世的复辟。那个时代，是英国国内的多事之秋。当时的一位保皇派约

国王查尔斯二世骑马行进在凯旋的队伍中（1660 年）。他们是在走向白厅，也就是 11 年前他父亲被处决的地方。尽管国内政治局势动荡不安，公海上的贸易却一切如常。

翰·伊夫林（John Evelyn），在他 1660 年 5 月 29 日的日记中，用轻松的语调做了下面的记录：

> 今天，国王查尔斯二世陛下，经过 17 年漫长的流放，终于回到了伦敦。过去的 17 年，国王也好，教会也好，都经历了无数煎熬。今天恰逢国王的生日。与他一起凯旋的，是 20000 名骑兵和步兵，他们挥着手中的剑，口号声中饱含喜悦；路上鲜花遍布，还有铃声相伴；街道两旁挂满各种装饰，喷泉里美酒喷涌；市长、市议员和他们的随从，身穿制服，胸配金链，并有旗帜相从；上院议员和贵族们，穿的则是配有金银饰物的丝绒制服；窗边和阳台上，站满了围观的女士；鼓号，音乐，人头攒动，有人甚至是从罗切斯特特意赶来。队列从城里穿过，从下午 2 点走到晚上 9 点，用了整整 7 个小时。

即使饱受内战之苦，即使面对战后恢复，在对外贸易上依然毫不懈怠，这的确体现了这个国家的执着。

而在大西洋对岸，对荷兰在新阿姆斯特丹的定居点，英国人一直耿

耿于怀；那时的美洲东海岸，英格兰的圣乔治旗业已遍布。查尔斯二世把这块地方封给了他弟弟约克公爵（也就是后来的詹姆斯二世）；1664年，英国人占领了新阿姆斯特丹，重命名为新约克①。不过，这个地方从未忘记其荷兰渊源。新阿姆斯特丹一直有着宽容而平等的氛围。女人可以从丈夫那里继承财产，不同种族的人可以通婚，而这些当时在其他地方并不多见。有人认为，这种开放是以后的纽约资本主义高速发展的重要因素。

英国船只与荷兰船只，只要处于同一海域，就会明争暗斗。1665年，两国正式交战。双方各自宣称在海战中获胜，但1666年8月9日，英国突击队抢掠了富裕的荷兰小镇泰尔斯海灵岛后，形势开始向丑陋的一面发展。三周之后爆发的伦敦大火，在荷兰人看来，是上帝对英国的惩罚。但他们并不满足，第二年，又沿梅德韦河而上，对英国进行了突袭。

在遭受了黑死病和伦敦大火的侵扰之后，英国资金极度短缺，做出了舰队封存过冬并且不再建造新舰船这一令人咋舌的决定，因而对荷兰人的突袭毫无防备。在不得已的情况下，英国开始考虑与对方和谈。不过，靠海水的屏障来保存港湾里的舰队，这是个极其天真的想法。1667年6月，荷兰人沿梅德韦河向前开进，在4天的时间内，烧掉或沉掉了他们看到的几乎所有的英国船只，只是当英国人孤注一掷地在航道上沉船时才稍事耽搁。

面对这惨重的败绩，当时的人留下了很多故事，例如勇敢的船长阿奇博尔德·道格拉斯的故事。"皇家橡树号"上的这位船长，在所有船员跑光后独自一人坚守在船上，直到最后一刻。安德鲁·马弗尔（Andrew Marvell）在《忠诚的苏格兰人》（*The Loyal Scot*）一诗中写道：

> 坚守战船的他，独自面对这可怕的一天，
> 那些逃走的人，让他为之汗颜。
> 生死，他早已置之度外，
> 即使天塌下来，他恰好前往彼岸。
> 面对当下，他只苦时日太短，
> 但不忘给荷兰人喊个倒好，如同比赛一般。
>
> 像迎接情人那样，他迎向那炽烈的火焰，

---

① 新约克即纽约。纽约是音译。——译者注

在火焰中,他迈步向前。

他的身躯,投入了火焰的怀抱,

化成了太阳的雕像,金光灿灿。

这种故事背后的真相,在塞缪尔·佩皮斯(Samuel Pepys)的日记里说得一清二楚。佩皮斯当时是海军粮食装备部巡察总长,这一位置,使他得以对军队士气做出准确估量。他痛心地写道:"水手们都已心不在焉。在沃平的大街上,水手们的妻子都在哭诉,'这都怪你们不发军饷……'我交谈过的人,都对我们怎样才能避免水手跑到荷兰一边怀有疑虑。这种态度虽然可悲,但现实确实如此。"

得知荷兰人已经突破查塔姆防线后,他写道:"我想让王室知道真相。在白厅上楼梯时,我听旁边的人说,王室情况不妙,王宫里都没什么人了。我真的有些担心,担心整个王国不保。我今晚决定,要跟父亲和妻子商量一下,看看如何处置我那些小钱。"

在6月13日的日记里,他说他已经立下了遗嘱,所有财产由父亲和妻子平分。与此类似,佩皮斯的朋友约翰·伊夫林也在日记里记下,他担心荷兰人会沿泰晤士河侵入伦敦,所以把最值钱的瓷器都藏到了别的地方。在6月17日(星期一)的日记里,他还描述了德特福德场的一艘英国船只起火后引发的恐慌,因为人们担心是荷兰人来了。

1667年7月的布雷达协议结束了战事,但从更广的历史视角看,这段不幸的插曲能够不时提醒人们,自以为是会有多么危险。要想掩饰不属于伏尔泰作品里描写的那种万事大吉的情况,实在太容易了。

而两个世纪后,荷兰人的确入侵了英国——但这次是以和平方式,而且是应邀而来。对傲慢的天主教国王詹姆斯二世的日益不满,导致了没有流血的"光荣革命",也于1688年迎来了威廉三世和玛丽二世统治的时代。此前,很多人担心,詹姆斯会把英国变为一个天主教国家。随着小王子的诞生,这一担心成了关注焦点,因为继位的仍会是天主教信徒。詹姆斯的女儿玛丽是个坚定的英国国教徒,她嫁给了"橙色威廉",因此这对夫妇便成了日益动荡的英国王室候选人。他们被请回了英国。詹姆斯二世

作为海军高级军官,塞缪尔·佩皮斯发现,军队的士气空前低落。他真正的担心,记录在了用密码写就的日记里。

装模作样地抵抗了一下，没过几天，就灰溜溜地逃到了法国，流放度日。

没能在战场上击败荷兰，英国转而开始学习荷兰。在海上，这种做法已有了一段时间。荷兰的影响现在已比比皆是，尤其是在商贸和金融方面。国内政治上的相对稳定，使英国经济更加开放。

这一过程中的关键一环，是1694年英格兰银行的设立。此前，各种小规模的银行业务早已存在，但英格兰银行是其他银行的终结者。设立这家银行的创意出自一位来自苏格兰、当时在伦敦做生意的企业主威廉·帕特森（William Paterson）。但开始时他遭到了反对，反对的部分原因，根据他1695年的回忆是"人们说这个主意出自荷兰，就都不愿意再听了，因为荷兰的东西已经太多了"。后来，在财政大臣和伦敦一个知名商人的支持下，英国议会通过了这一提案。

这一提案鼓励人们把钱投到银行，这样，如果政府需要，就可以随时借贷。帕特森对此非常热衷，因为他想借此支持自己国家的对法战争。英格兰银行成立后的第一个办公地点，是齐普赛街上的纺织厅。起始资金是120万英镑，出自那些乐意为战争助一臂之力的人，不过他们会得到8%的利息。作为向政府提供借贷的交换，这家银行拿到了皇家特许证，在我们今天的伦敦金融区，发展成了一个金融中心。随之，各种各样的金融机构雨后春笋般涌现出来，同时也出现了一个新的职业，这个职业专门与"虚构的钱"打交道，也就是证券投资。

财富不一定是你看得见摸得着的东西，这一理念越来越得到认可。当然，就像荷兰人通过郁金香危机已经认识到的那样，投机是个危险的买卖。18世纪早期，英国最著名的一个案例，是南海公司与英格兰银行竞争，都想拿到国债业务。南海公司声称，将派商船到南部海域从事贸易；实际上，这不过是烟幕弹。许多人花光所有积蓄来买这家公司的股票，股票一度升值10倍——然而，当突然出现信任危机时，他们的股票就都成了废纸。

但就18世纪大部分时间而言，人们对新交易方式的信心在不断增加。股票、汇票、纸币，都成了信用经济的组成部分——这些又转而促进了新生经济的繁荣。到18世纪末，经过和法国长达20年的交战，荷兰已日趋衰退，而英国经济开始腾飞。众多的人口、丰富的自然资源，为英国超越曾经的对手创造了条件。他们从荷兰人那里学到了成功的经验，而且已经在荷兰人擅长的游戏里击败了对方。

这段时间，世界其他地方又怎样呢？1609年，当亨利·哈得孙在北

美河上溯流而行的时候,伊斯坦布尔的艾哈迈达巴德清真寺正在奠基。这座位于奥斯曼帝国中心位置的华丽建筑,后被称为蓝色清真寺,是信心和自豪的象征。此前一个世纪的时间里,奥斯曼帝国几乎是不可战胜的,也正因为他们对通往远东贸易航线的控制,哈得孙等人才去寻找能够避开他们的捷径。

17 世纪初,伊斯兰世界的崛起是人们的一大隐忧。这一点,在一本讲述英国航海史的书里得到了很好的说明。这本书出版于 1625 年,书名是《以英国人和其他人所做的海上航行及陆上旅行为视角的世界史》(*Purchas his Pilgrimes, Contayning a History of the World in Sea Voyages and Land Travell by English men and others*)。这本皇皇巨著的作者,是位名叫塞缪尔·珀切斯(Samuel Purchas)的牧师。据西蒙·谢弗讲,珀切斯非

1851 年的皇家交易所和英格兰银行。建筑的新古典主义风格表达了人们对金融交易新方式的信心。政府用钱越来越多,英格兰银行的办公建筑也在扩大。

常热衷于向他的同胞宣扬，所有成功的海上探险都是由英国人完成的。

"这本书里的第一张地图，是标注了哈得孙等人航线的世界地图。"西蒙·谢弗介绍道，"最重要的是，这张图象征性地标出了哪些地方是基督教，哪些地方是穆斯林。基督教的地盘都用十字架认真标注；穆斯林的地盘都用新月认真标注。珀切斯非常、非常担心，因为他从荷兰人的航海中得知，伊斯兰已经扩展到了今天的东印度群岛和印度尼西亚，并且在西非也很有势力，而西非是欧洲黄金的来源地之一。在珀切斯看来，伊斯兰有统治全球的架势，只有信奉新教的英格兰和荷兰才能够拯救基督教，也才能够拯救人类文明。"

不过，在乔尔·莫克尔看来，当时的人们无须过度担心。"那时就有人提示，如果观察得再仔细些，可能就不至于那么恐慌了。"他说，"其中问题之一是，欧洲人对伊斯兰教到底了解多少。当时的欧洲人在学穆斯林的语言，在研究他们的机构，在了解穆斯林有什么他们知道我们不知道但可以学到的东西。

莫克尔还说："有意思的是，在很多重要方面伊斯兰并不买账。他们不研究基督教，不去学他们的语言、基督教世界的技术进步，他们只有一项乐意学，那就是枪炮制造。即使这项，他们学得也不到位。此外还有一点，他们在引进印刷技术上也慢慢腾腾。目前知道的阿拉伯世界最早的书，印刷于 1717 年，这比古登堡印刷晚了 250 多年。"

奥斯曼帝国之所以迟迟没能使用金属活版印刷，原因之一是这里缺铁，也缺制铁的技术工人。而且，那些精心制作手抄本《古兰经》的抄写员有一个共同特点：他们都乐于提醒别人，任何替代手工抄写的印刷手段都可能会带来印刷错误，因而会歪曲真主的旨意。乔尔·莫克尔引述了据称是先知穆罕默德的一句话："谁模仿外族，谁就会成为外族一员。"莫克尔认为，这可以解释为什么穆斯林大多不愿学习西方技术。对新思想的接纳是工业化的一个要素。然而在奥斯曼帝国，宗教和政治方面的保守，加上对创新的抵触，都不利于新思想的传播。

奥斯曼帝国的黄金时代是和苏莱曼大帝的名字分不开的。在其统治期间，也就是 1520—1566 年，他进行了行政管理改革，鼓励开展大型建筑项目和文化工程，而且在军事方面，他自己也是个出色的战略家。在他的统治下，伊斯兰的触角伸到了贝尔格莱德、布达佩斯、罗得岛、大不里士、巴格达、亚丁和阿尔及尔等地。虽然他没有占领罗马土地，他依然宣称那是他的。在碑文里面，他称自己是"真主的仆人，因真主

在苏莱曼大帝统治下，奥斯曼帝国在亚洲和欧洲的扩张达到了顶峰。

的威力而强大；真主在地球上的代表，遵从《古兰经》的命令，并在全世界实施；一切土地的主人；真主在一切国家的化身；波斯和阿拉伯一切土地上苏丹中的苏丹；苏丹法律的传播者。"

苏莱曼的名字翻译成英语是所罗门，在他自己国家，人们称其为立法者苏莱曼。按照伊斯兰教的政治理论，统治者即苏丹的核心作用是维持正义；在希伯来历史中，正义统治者的典范是所罗门，苏莱曼大帝便被视为所罗门第二。

苏丹们有着巨大的个人权力，而当这么大的权力掌握在不像所罗门那样公正的君王手中时会对整个国家造成不利的影响——例如苏莱曼大帝的继任者，伊斯兰教历史中的"醉鬼塞利姆"。在缺乏强有力的中央集权的情况下，权力逐步为军方掌控，官僚机构越来越腐败。

苏丹继位，往往会担心他人谋反，部分问题出在继位规则上。传统而言，苏丹登上王座时，他所有的兄弟以及他们的男性子嗣，应已被全部杀掉。这一做法持续到16世纪末才被废止，但对竞争对手觊觎王位的担心仍然存在，于是虽然不再杀掉那些多余的人，苏丹往往把他们软禁到后宫，与世隔绝，吃喝度日。对苏莱曼大帝而言，他选中的儿子背叛了他，他只好把他处决掉，把懒散无能的塞利姆从后宫推到了前台。塞利姆对军事和政务一窍不通，因此他对继位没什么兴趣。

奥斯曼帝国鼎盛时期，地盘庞大而人口有限：1600年，帝国人口是2800万。直到19世纪初，在其他地方早已绝迹的鼠疫，仍是这里的地方病。对此，历史学家看法不一，但这里把疾病看作真主意志，没像欧洲那样采取检疫措施。1770年，君士坦丁堡爆发的鼠疫，夺去了4万人的生命。1812—1814年间，鼠疫夺去了布加勒斯特和贝尔格莱德1/3的人口。乡下不少地方人口越来越少，难以避免地造成了饥荒。

当然，事情不能一概而论。奥斯曼帝国虽然没能阻止鼠疫，但至少在一个方面，他们的药领先西方一步。天花疫苗接种，很早就是土耳其民间医疗中的成熟做法。玛丽·蒙塔古女士（Lady Mary Wortley Montagu），当时英国驻土耳其大使的夫人，就曾深受天花之害。为了不让更多同胞遭受同样的厄运，她把这一接种技术介绍到了英国。1716年4月，在写给国内的一封信里，她形象地描述了接种过程，包括接种后的两三天内，接种者会出现轻微的天花症状，但绝少留疤。她写道："这里每年都有数千人接种；法国大使说得好，他们把天花转移了，要是在其他国家，这都需要疗养的。没一个人死于接种；请相信，我对这种实验绝对有信心，我都准备让我的小儿子接种。"

用弱化的天花病毒接种疫苗这一技术，后来虽被詹纳（Jenner）的牛痘病毒接种所取代，但在当时，这无疑是一个非常先进的方法。

奥斯曼的工匠是世界级的，他们制作的那些出色的科学仪器，例如天象观测仪，当时是西方国家难以比肩的。这些仪器是理论知识的结晶。有了天象观测仪，天文观测者就可以跟踪太阳和星星的运动，从而增进天文学知识。不过，科学与宗教的发展和国家发展之间的平衡越来越脆弱，1580年，帝国的军队将一个天文台夷为平地，他们的理由是，天文

18世纪的一幅刻像，描绘的是一个患天花的儿童。接种疫苗的做法，是从中国传到土耳其的。早在10世纪，中国就开始接种天花疫苗。

观测带来了鼠疫。

此外，在将科研成果应用于生产的过程中，工业化仍未见端倪。奥斯曼帝国在批量生产与储存货物以满足需要方面遇到的问题，堪比20世纪中叶苏联遇到的同样问题。在国内，二者有很大的相似之处；但与苏联不同的是，奥斯曼帝国不仅在文化上与外界隔绝，在军事技术上也一样。

这个问题在奥斯曼帝国与外界交战时暴露无遗。虽然在几个世纪的时间里，奥斯曼都在认真仿造缴获的武器，但交战时火力明显不足。1453年，土耳其人在攻打君士坦丁堡的战斗中获胜，他们依靠的是重型攻城加农炮。但那之后，他们没意识到，世界在不断前进。他们继续制造少量的重型枪炮；而西方转而去制造大量的轻型枪械。在海上，土耳其人延续着他们冲撞、登船的做法，但他们现在面对的船只，已是浮在水面的火药库。在陆地上，他们的重炮赶不上西方灵便的轻型炮，后者在任何位置都可以灵活使用。1683年，在维也纳被困的战斗中，基督教

为纪念1683年9月12日在维也纳被困的战斗中对土耳其的胜利，人们制作了很多雕刻。这幅雕刻的画面前方是土耳其人所依仗的重型武器。

的军队取得了决定性胜利。土耳其人当时已把重炮对准了城里,然而,当救援部队从维也纳森林冲出来的时候,他们已经来不及调转大炮。

18世纪开始好久后,当时的观察家指出,奥斯曼帝国的军事策略基本上还是苏莱曼大帝时期的那一套。在《军事革命》(*The Millitary Revolution*)一书中,杰弗里·帕克(Geoffrey Parker)引用了马雷沙尔·萨克斯(Maréchal de Saxe)1732年所做的评论:"一个国家学另一个国家很难,骄傲、懒惰或愚蠢都会是羁绊。接受一项发明可能要很长时间(而且有时即使接受,但仍会回到传统或习惯做法)。……今天的土耳其就处于这样的境地。论勇敢,论人口与财富,他们都不缺;他们缺的是秩序、纪律和技术。"

此时的英国,正在制造"胜利号"这样的皇家海军舰艇。"胜利号"就是后来纳尔逊(Nelson)将军在特拉法尔加战役中使用的旗舰,装备有850名船员、100门炮,每门炮都能在两分钟内开两炮以上。这样的军舰,用西蒙·谢弗的话说,是工业化的"杀人机器"。

"在18世纪,制造一艘大型军舰,至少需要2000棵橡树。"西蒙说。"绳子粗细不等,都是用亚麻做的;舰炮质量很高,误差很小。这样的军舰本身就是18世纪最大的工业企业,比陆地上任何工厂都大。在工业革命高峰期,运行军舰这样的机械系统就相当于在做示范或培训,可以让人们看到生产是怎么回事,庞大的劳动队伍怎么管理。"

在朴次茅斯、德文波特、查塔姆,由海军控制的造船厂越来越像生产线。老式的大锯,原来要靠两个熟练锯工费力操作,现已被蒸汽驱动的切割机取代。过去需要100个技术工人完成的工作,现在由10个没什么技术的工人就能完成,而且比原来更快。随着造船技术的普遍提高,制作标准化的、可替换的机器零件的工艺已经成熟。

在1805年的特拉法尔加战役中,当纳尔逊将军发出"英格兰期待各位恪尽职守"的命令后,他可能无暇想起那些在英国本土造船厂里辛勤工作的人。但如果不是他们,像"胜利号"这样的战舰是无法一而再,再而三地投入海战的。

"英国对拿破仑的胜利,更多要归功于技术进步和税收,其次才是坚定和执着。"西蒙·谢弗说,"英国的税收制度,是建立在对国内经济充分了解的基础之上的,是非常有效的制度。有了这样的制度,英国政府才能募集到大量资金,一方面支付远赴外国作战的部队,另一方面建造自己的战争机器。在技术方面真正管用的是战舰技术。

"首当其冲的是航海知识和技术,这样,英国海军才得以高效而迅速地穿行于世界各地水域;但更为重要的,则是海军造船厂那一整套标准化而高效的管理制度以及他们造出的舰艇。唯其如此,战舰才可能在极短的时间内重新整装出发,这在对法海战中太重要了。因此,到1815年,英国海上霸主地位确立的时候,这个帝国,已是世界上最伟大的殖民强国和经济强国。"

塞缪尔·佩皮斯的时代,也就是海军有时连水手军饷都拿不出的时代,已经一去不复返了。同样一去不复返的,还有全凭猜测或天意来进行的航海活动。现在,要是哪艘船在海上迷失了方向,就不会再怪谁记错了数。而此前情况不同,佩皮斯在1683年去往丹吉尔的途中有过切身体验。他做的记录是这样的:"显然,船上的人已陷入混乱,每人有每人的计算,每个人的计算又都不一致。而他们那些毫无意义的争论,根本无助于理出头绪。谢天谢地谢大海!好在我们的大部分航行,并非都像这次一样时运不济。"

一旦陆地在视线中消失,每个海员都有一套确定所在位置的办法。伊斯兰人用的是"航海指南",实际上是一系列诗篇,每个船长都要会

在1805年的特拉法尔加战役中,尼尔森将军受了致命伤。类似的英雄事迹,往往掩盖着英军战胜拿破仑的真实原因;而真实的原因,则远没那么动人。

背诵。也有一些实用方法，包括观测星座、尝试海水咸度等。这在熟悉的水域中还管用，但到了未曾涉足的海域，就没那么灵了。英国水手喜欢用"死计算"的方法，在绳子的一头绑上一块木头，从船头扔到海里，根据木头移到船尾的时间计算出船行速度。后来，这逐步演进为一套复杂的计算，诸如洋流、风向、星座位置以及根据沙漏或怀表计量的时间等因素都需考虑在内。

沿纬度线航行相对容易：1492年，哥伦布就是用这种方法到了美洲。这种航行有个罗盘即可，用来测量正午时分太阳的高度。唯其如此，有些纬度线成了海运高速路——这在激烈的贸易战期间并没有什么帮助。经度的测定则不大容易。沿经度线航行，每跨1度就有4分钟的时差。这一点，如果没有精确的计时就没什么实际意义。因为船体晃动、温度及万有引力的变化等因素，传统的挂钟在船上没有用途。此外，虽然经度变化带来的时差是一致的，但距离差则不然。这是因为经度线在两极部分缩小，而离赤道越近就越长。

最起码来说，对船只所在位置的误判，意味着要在海上多漂些日子，这对船员的耐心是个考验。在长途航行中，这绝非小事，因为坏血病、船员哗变等都随时可能发生。最要命的是，经度计算上的错误，甚至会招致海难。1707年9月的一个月黑风高之夜，海军上将克劳兹利·肖维尔（Cloudesley Shovell）爵士所率舰队在海上失事，他和2000名水手无一生还。由于航海经验不足，他们本以为即将抵达法国海岸，而实际上，那是以险恶著称布满暗礁的锡利群岛。英国舰队司令在这种情况下的无谓牺牲，终于激发了相关法案的出台。1714年，议会通过法案，如果有谁制作出测定经度的航海仪器，政府奖励20000英镑。

奖金数额体现了问题的迫切性，同时也引发出一系列稀奇古怪的解决方案。最后，来自约克郡自学成才的钟表匠约翰·哈里森（John Harrison），经过不懈努力制作出了能在海上精确计时的时钟。这样，船长就可以通过对比船上的时间和出发港的时间计算出船只所在的经度。

H1，约翰·哈里森制作的第一台航海经线仪。

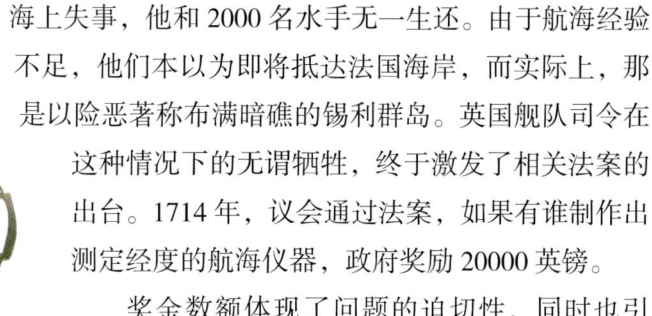

奖项宣布时,哈里森年仅 21 岁。他随后穷尽一生,不断完善自己的制作。他的第一台航海经线仪 H1 看着像一台又大又笨的时钟。做到第 4 版(H4)时,尺寸已像一只大手表。他这样写道:"我想,我可以大胆地说,世界上没有其他任何的机械或计算装置,在结构的美观和奇妙方面,胜过我的这只经度计时仪。"

在开往牙买加的试航途中,哈里森的装置表现不俗。但是,经线委员会迟迟不发奖金。委员会中也有些人,在探讨计量经度的其他办法,其中不排除对约克郡这位自信的年轻人抱有势利看法。后来他们仅仅给了他 2500 英镑,之后告诉他,他的装置还需进一步验证。只是在哈里森得到了国王乔治三世的支持后,他才拿到了全额奖金。他极度愤懑,曾给经线委员会写信抱怨:"我希望我是第一个,看在国家份上,也是最后一个,因为信任议会通过的法案而受到这般煎熬的人。"

不过,无论哈里森生前别人怎么评价他,英国政府最后还是给予了最高程度的认可:所有的英国舰队都装备了按他的方法制作的航海经线仪。这主要得益于约翰·阿诺德(John Arnold)等熟练制表师对其发明的采纳及批量制作。哈里森辛苦一生,只做出 5 种型号的经线仪,而约翰·阿诺德做出了二三百种。他的诀窍是把常规工作分包给别人去做,自己只负责微调。他也很善于自我推介,20 多岁时,就向国王乔治三世敬献过一只镶在戒指上的、直径仅有半英寸的微型手表,从此声名鹊起。这又是一个韦奇伍德的故事。

在把哈里森的发明成果转化为实际应用方面,头脑冷静的约翰·阿诺德等人所发挥的作用似乎预示着马修·博尔顿在帮助瓦特推销蒸汽机上所起的作用。我们在第二章已经看到,英国各类俱乐部的蓬勃发展给人们带来的沟通机会,发挥了至关重要的作用:没有俱乐部成员间的相互合作,英国顶多是个"创意库",而那些创意只会在库里睡大觉。哈里森是工业革命故事里最多见的人物典型:自我奋斗,历尽坎坷,创意十足,但不知怎样用创意来挣钱。他有发明天分,而其他人有创业天分。

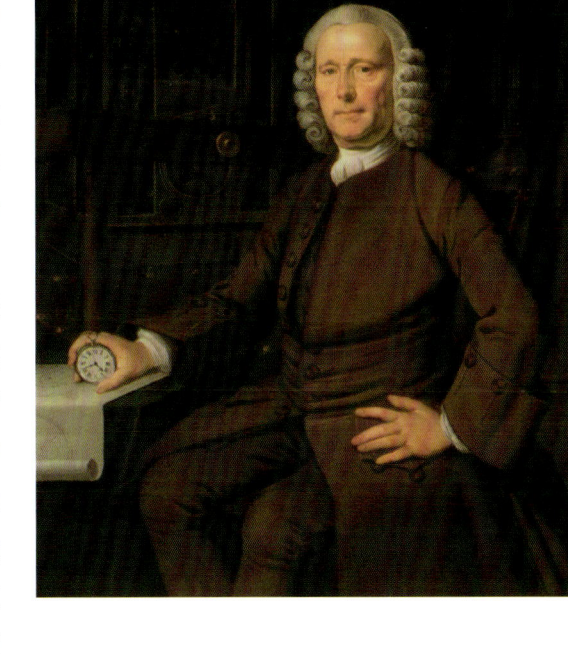

陈列于英国皇家天文台的约翰·哈里森肖像,代表着来之不易的官方认可。

没有后者的话哈里森的名字，可能早已被遗忘。

哈里森的支持者，还有英国皇家学会会员。该学会于1660年修订了其章程。这是一个权威学术团体，会员中包括艾萨克·牛顿（Isaac Newton）、罗伯特·玻意耳（Robert Boyle）、克里斯托弗·雷恩（Christopher Wren）等名人。学会宗旨是，促进"有用的技艺"，包括科学家的学术研究，也包括航海和工程方面的探索。在科学活动密集的时代，正是这样的组织，为当时最富创造力的思想家提供了理想的会面场所。在像俱乐部这样的特定氛围里，每个人都畅所欲言，而不必担心政府干预。这催生了17世纪的科学革命。然而，科学革命不见得会带来工业革命，这点在荷兰已得到证明。工业革命的发生，需要科学和商业的联姻。

历史教科书里往往会把一项发明归功于某个特定的人，这也无可厚非，但实际情况是，任何一项重大突破都会涉及一长串人。例如，玻意耳对大气压力的理论研究带来了真空泵的发明。但把真空泵做成实际使用的机器则是由工程师纽科门（Newcomen）完成的，而且这种机器，后来成为"火箭号"发动机的一个重要组成部分。发明可能会有专利的保护，在一定时间内有效，但创意是不受专利所限的。火爆的科学讲座和展览对创意开发也起到了推波助澜的作用。诗人华兹华斯（Wordsworth）评论法国大革命的那句话："黎明时分的喜悦，如此生机盎然。"同样适用于科学革命。当时的人有种切实感受：人类知识的前沿，业已被推动。

西蒙·谢弗解释道："在17世纪英格兰的知识创造体系中，人们有个强有力的思想支撑，那就是1610—1630年期间的英国大法官弗朗西斯·培根（Francis Bacon）说过的一句话，'行万里路，读万卷书。'这是他作品的口号。他那些论述科学进步的名著，标题页都印有一幅画，画的是象征大力神的石柱，背景是连接地中海和大西洋的海峡。你会看到，船只从已知的地方驶向未知的水域，返航的船只则带回了各种物品。他们带回来的，还有数据资料、奇闻趣事……用培根的话说，是'知识加物质'。"

对英国人而言，当时的外部世界就像一个充满异域情调的大池塘，等着他们的船只去开发、掠取。而一系列有助于提高海上航行安全系数的实用发明又进一步强化了这种看法。除了经线仪外，还有更为可靠的六分仪和指南针，辅之以埃德蒙·哈雷（Edmund Halley）制作的、标出了磁北的地图。

在前往太平洋的一次航行中，詹姆斯·库克（James Cook）船长试用了哈里森经线仪——这是他把探险与科学相结合的一个有力佐证。库克船长在探险之前，太平洋基本是片未知水域，虽然自1520年麦哲伦（Maqellan）穿越太平洋后，人们一直传说，南方有块大陆，叫作"南方未知之地"。人们都知道，库克船长绘制了澳大利亚部分海岸以及新西兰全部海岸的详尽地图（此前人们以为新西兰是南极洲的一部分）。人们还知道，库克船长第三次航行时遭遇不幸，在夏威夷的一场打斗中被刺身亡。但是，除了给英国开辟出大片大片的殖民地外，他还留下了一笔不朽的遗产，那就是他精心绘制的航海图。而从库克首次造访南太平洋后30年内殖民的速度看得出当时的英国是多么急于扩张。

库克是首次也是最有名的探险，即1786年乘"奋力号"的那次，是根据英国皇家学会的倡议进行的，因为他们想在南太平洋对金星进行准确观测。英国海军部提供了经费，因为他们暗中期望能有机会寻找南部大陆。与此同时，植物学家约瑟夫·班克斯（Joseph Banks），则将这次探险看做收集标本的良机。他做得非常成功，澳大利亚的植物湾，就是为纪念他的贡献而命名的。颇具讽刺意味的是，后来这个地方成了英国犯人在澳洲的落脚地，臭名昭著。成为落脚地的主要原因就是班克斯对这个地方所做的天花乱坠的描述。

还在惠特比一家煤运公司当学徒时库克就开始了航海生涯，因此，到了选择航行船只的时候，他选中的是惠特比的运煤船。这种船吃水较浅，但非常坚牢，一般用来在冬天里，在纽卡斯尔和泰晤士河之间，运送英国那种伟大的商品——煤。后来，在澳大利亚大堡礁，当他的船被珊瑚扎穿的时候，船的优势才显现出来。虽然船体出了个洞，但等到涨潮时，他们仍能把船驶出珊瑚礁，开到岸边修补。

为了使其完成预定的航海任务，他们把"奋力号"送到德特福德皇家造船厂进行了一番改造，同时也装载了食品、牲畜（以便提供鲜肉）和枪械。船上装备了10把手枪、12挺回转机枪用于船员自卫，此外还有若干科学仪器，包括一个可移动式天文观测仪。约瑟夫·班克斯带来了他的标本采集设备、数条狗，还有7人的一个团队，他们占了些地方。他的团队中，包括1个秘书，还有他雇来的2名艺术家——亚历山大·巴肯（Alexander Buchan）和悉尼·帕金森（Sydney Parkinson）负责绘制沿途的风景和自然标本。

当时的班克斯，年仅25岁，热情而富有。得亏有了他，沿途经过的自然景观才得以记录下来。4年之前，他继承了位于林肯郡的家产。他的兴趣所在是植物学和动物学，因此他把这次航行，看做是满足自己兴趣的一次绝佳机会。西蒙·谢弗评论班克斯时这样说："他平时可比的那些人都进行过欧洲之旅，所以为了胜过他们——这一点他毫不避讳——他要进行塔希提岛之旅。"

3年后，"奋力号"返航时，载回了30000件标本，来自3000个物种，其中1600种都是此前未知的。这些不仅有科学价值，有些物种还有很大的实用价值。班克斯本人随后担任了英国皇家植物园（又称为邱园）的首任园长，而这家植物园此后也投入到了对实用物种的探索。就像同时代许多其他博物馆一样，征服自然和利用自然是一个共同的主题。

逐渐地，海上探险活动都与皇家植物园建立了某种联系。例如，1791年，"邦蒂号"船上发生的那次有名的哗变，部分原因竟是一种叫做

从1793年的这张法国地图中，可以看出库克船长驶入的未知水域是何其广阔。图上的新西兰，还是与南极洲连在一起的。

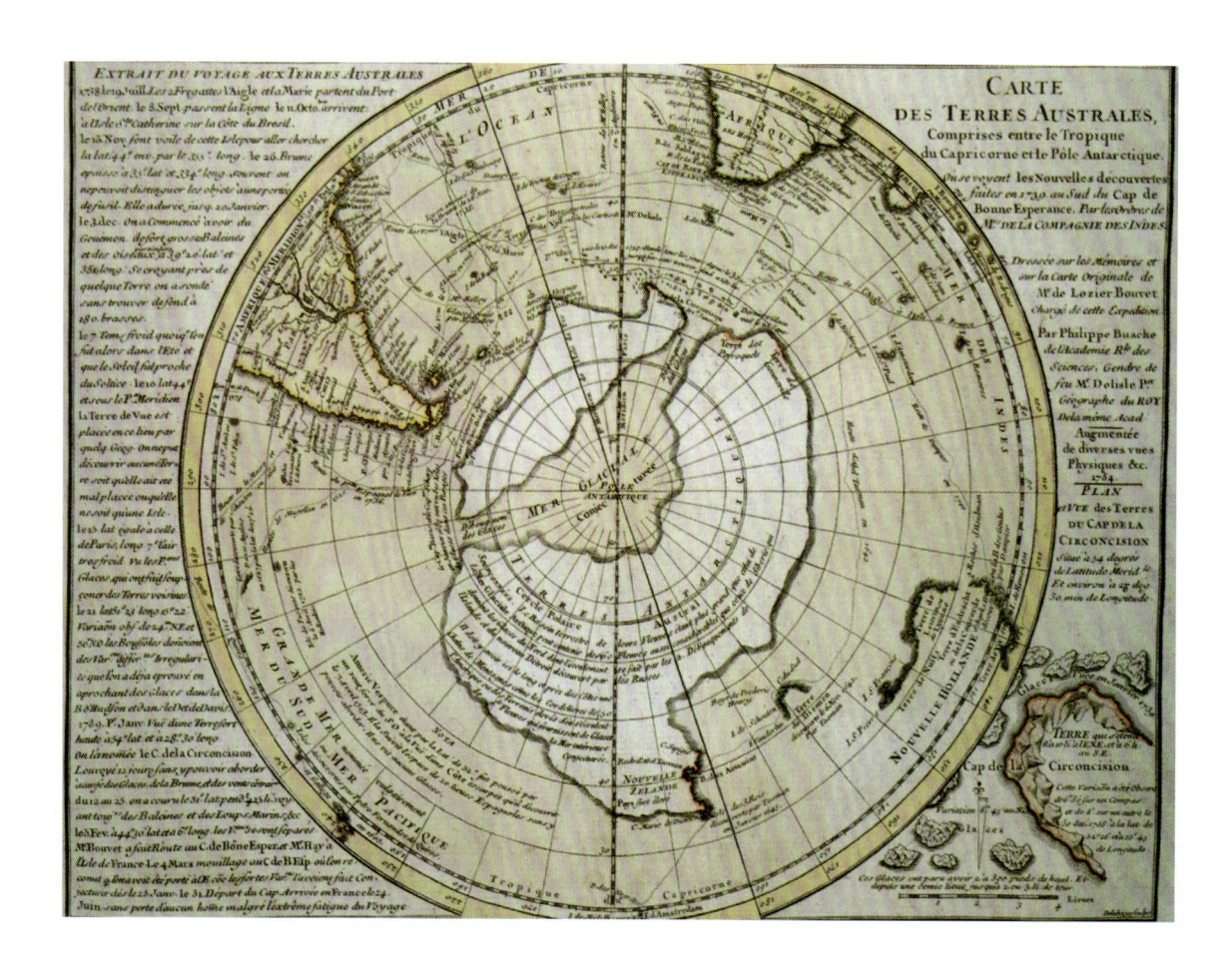

面包果的绿色疣状植物。这种植物生长于西太平洋，其所结出的无核果实是当地人碳水化合物的重要来源。船长威廉·布莱（William Bligh）的任务是将1000棵面包果树苗从塔希提岛运到西印度群岛，其中一部分要带给英国皇家植物园。故事是这样的：部分船员想喝树苗专用水，遭到一心想完成任务的布莱船长的拒绝，这些船员于是哗变。被扔进小船漂向大海后死去的人里，其中就有英国皇家植物园的一位园丁。

在帝国许多遥远的角落，皇家植物园都开设了大同小异的分园，目的是便于新物种适应不同的环境。18世纪末至19世纪初，这一做法给那些派往殖民地工作的人员造福不少，同时在工业发展方面也发挥了重要作用。两个范例是：引进到印度对付疟疾的奎宁和引进到亚洲热带地区生长的橡胶。这两种植物原产南美，都是在皇家植物园的努力下才来到了各自的新家。

把经济作物在全球范围内移植，只是英国商船那复杂的贸易航线网络中的一部分。这一进程的中心——我们在第一章说过是在繁荣的港口城市利物浦。这里周转的商品种类之多，通过利物浦谷物交易中心每周一期的详尽记录可见一斑。这些记录，随后又转载到《利物浦纪年》（*Liverpool Chronicle*）。举例来说，1830年9月18日所在的那一周，这本纪年中记录的商品，就有19340袋原棉，1004桶朗姆酒，2753张牛皮，97吨大麻，1175袋印度大米以及40只非洲象牙。此外，还有数量不等的蔗糖、糖浆、咖啡、可可、香料、胭脂红染料、靛蓝染料、橄榄油、烟草和焦油。

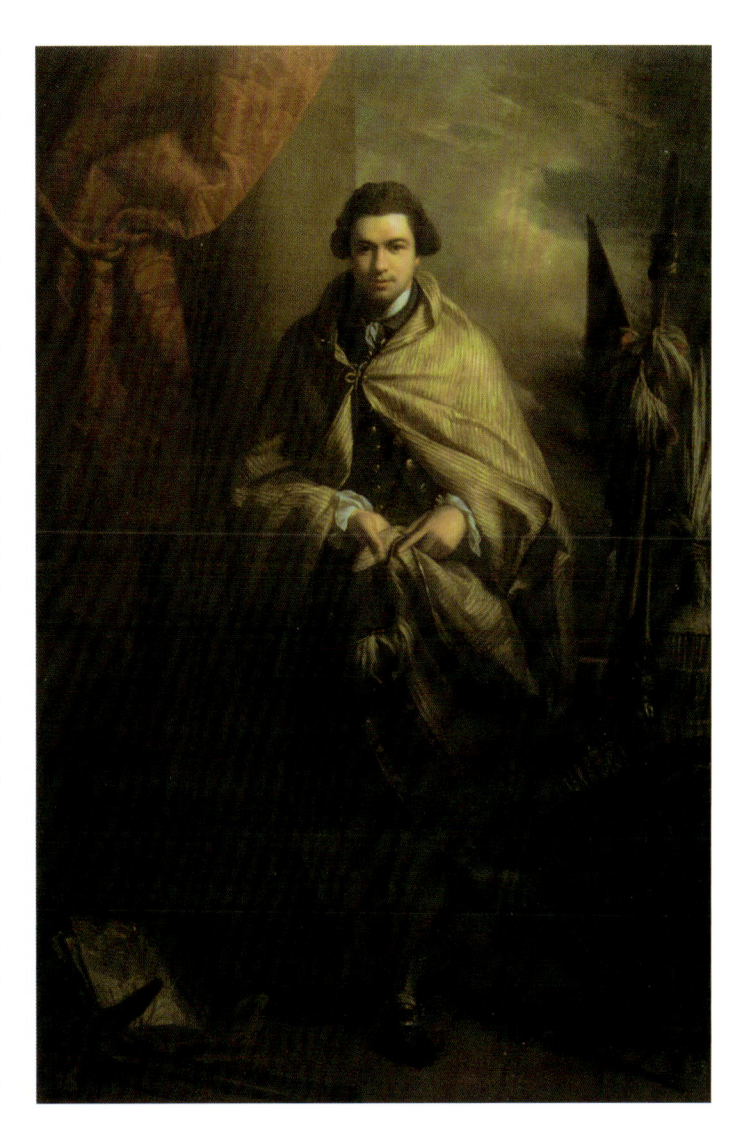

本杰明·韦斯特（Benjamin West）创作于1773年的《约瑟夫·班克斯爵士肖像》。画中的他，身披毛利人斗篷，身旁还有两件战利品：独木舟划桨和塔希提岛人头饰。

剧变：英国工业革命

成功的秘诀，在于开辟循环式商业航线。拿奥斯曼帝国来说，其贸易路线是直线式的。他们的商船，从别处载回商品拿到他们的巴扎市场上去卖。但这些物品都是买来的，因为他们拿不出什么东西去换。这样，钱可能不少花，但带回来的东西有限。而欧洲人则不一样，他们每到一处，都会拿船上的东西去换当地的东西，而且每次都能赚。当然，有个耻辱之处，他们是无法抹掉的，那就是奴隶买卖。一直到19世纪中叶，奴隶都是贸易循环圈中的重要商品。1600—1850年，有1000万人被迫背井离乡，在极其恶劣的条件下，为欧洲经济发展无偿劳作。遭受新主人奴役时，他们可能得不到任何的安慰；不过，他们在棉花和甘蔗种植

这幅画描绘了从塔希提岛移植面包果树的情景。而这，正是导致"邦蒂号"哗变诸多因素中的一个链条。

园里的劳作是贸易循环圈中的一个基本组成部分。

欧洲文化在全世界尤其是北美的传播得力于越来越多的欧洲移民。由于贫困或宗教迫害等原因，他们远渡重洋，到海外去寻找新生活。这一进程始于17世纪30年代，当时有20000人离开英国，去了北美的新英格兰。他们合作开发农耕用地，靠自己的双手，不久就实现了自给自足，从此不再依靠母国。虽说穿越大西洋的艰辛和危险不待言说，但这并没能阻止一波又一波的移民前往。

随着蒸汽时代的到来，海上航行得到了巨大改进。1819年，第一艘轮船跨越了大西洋；1838年，布鲁内尔的时代奇迹——"大不列颠号"轮船，驶抵纽约港。此时的航行，已不再受制于风力和潮汐的影响，不仅更加快捷，而且更加安全。轮船通航还意味着，美国虽然已经独立，但仍和母国保持着联系。有人甚至认为，正是因为有了轮船，我们才能在同一意义上谈论"西方文化"。

到1850年，形势已经非常明朗，谁拥有蒸汽机，谁就拥有未来。曾经一度辉煌的奥斯曼帝国，现在的边界不断缩小；享有无上权力的苏丹们，已经退出了世界竞技圈。看来中央集权只会扼杀而不是鼓励创新。17世纪上半叶，荷兰人总是教别人怎么赚钱，怎么进行海上统治，但现在，他们也落到了后面。英国似乎处于领先地位——可这能持续多久呢？为什么对欧洲而言，那些关键要素都应时而至呢？有没有其他文化，例如中国文化，可能也会具有全球影响力呢？要回答上述问题，我们需要沿时间坐标再度回溯，看看500年前是什么样子。

第四章　奇妙机械

> 时间：1350—1850年
> 跨度：500 年
> 地点：欧洲和亚洲

艾伦·麦克法兰17岁时，学校组织去约克郡的喷泉修道院参观。看着修道院的废墟，老师说道："孩子们，这里就是现代社会的发源地。资本主义革命，工业革命，这儿都有。"从那时起，修道制度在工业社会诞生中所发挥的重要作用，一直是他感兴趣的题目。于是，通过参观本笃会的一家修道院，他以500年为时间跨度，开始了对工业革命起源的探讨。

普拉卡登修道院建于1350年，直到今天仍在使用，是英国仅存的几个本笃会修道院之一。普拉卡登修道院坐落在苏格兰的莫里山下，像大多数修道院一样，周边环境优美。对生活在这里的28名修道士来说，这是远离尘嚣的一处清静所在。他们每天清晨4：45集合，做晨祷，唱颂歌，开始新的一天。夏天的这个时间，天已经亮了；但在冬天，破晓还要5个小时。他们每天生活的基本内容，由7次集体修道活动组成，早上的是第一次。这里的钟声，每天响7遍；钟声一响，他们就习惯性地闯过那长长的白色回廊来到唱诗的地方，开始他们的格里高利圣咏。这是由圣本笃亲自制定的一整套严格教规的具体表现。他设计了一套融祈祷、工作和读经于一体的固定生活方式，能让新入会的教徒摆脱世俗生活中的摇摆和疑惑。在《圣本笃教规》(*The Rule of St Benedict*)中，他做了这样的规定："散漫是灵魂之敌。唯其如此，会友需在特定时间工作，在特定时间读经。"

修道院主持贾尔斯教父，简明扼要地阐释了本笃会信条："这是一种平衡的生活：心、脑、手，各有所务，而且是集体进行，因此人人为我，我为人人。"

发挥人的聪明才智，设计节省人力的机械装置，这是本笃会的一个传统，对此，麦克法兰很感兴趣。会友们都自己种地，也没人帮他们舂米磨面，因此如果他们无法改进劳动方式，他们连祈祷的时间都没有。

麦克法兰认为:"这正是他们区别于其他任何教派的地方,因为其他教派可以找农民帮忙。"

在贾尔斯教父看来,本笃会的许多传统是在延续之中。"根据我的体会,僧侣们都善于横向思考,"他说,"要是你让一个修道士喂猪,他就会问自己:'生活这么忙,我能不能把喂猪这事改进一下?能不能喂得快点或程序上简单点?'僧侣们的办法,在普通人看来,虽然不见得有多大吸引力,但往往很实用。我也见过一些看似奇怪但非常奏效的方法。而且我相信,修道本身,就包含着设计精巧装置这一内容。看看古代那些先哲,他们全都创意无限。事情怎么做,工具怎么使,东西怎么测量,他们都有办法。在许多方面,他们都是先驱,而且在某些方面目前依然领先。"

1350 年前后,英国每 100 个人里就有 1 人在修道院。在那里,他们所提供的,不仅是精神支撑,而且对所在社区都有实实在在的帮助。那

普拉卡登修道院的僧侣们,延续着本笃会的传统,每天用 4 个半小时祷告,4 个半小时劳动、读经、料理杂务。如此精细的作息安排,需要高度的时间概念。

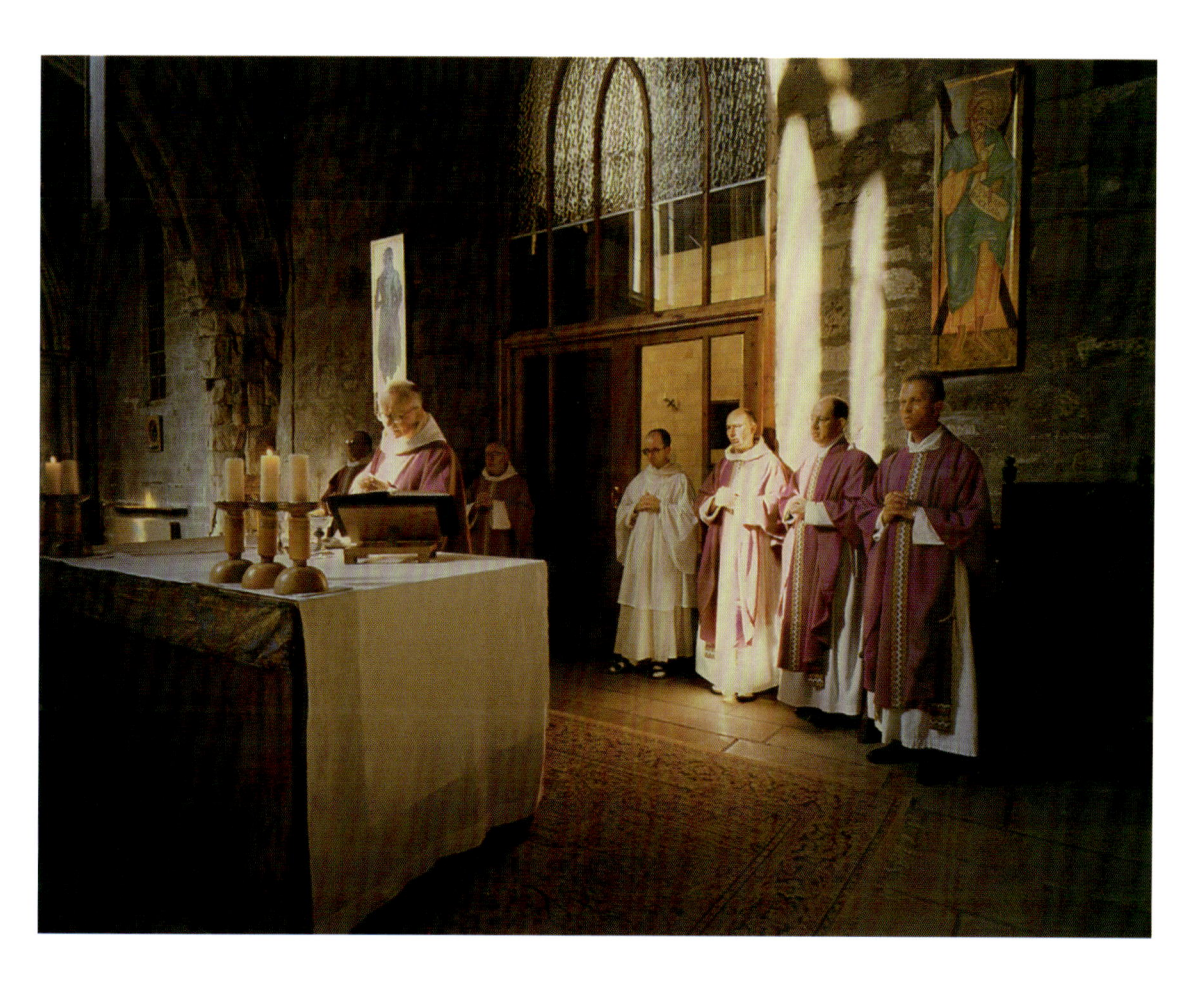

时没有医院，也没有可以过夜的旅店。谁要是生了病或需要投宿，他们就去修道院。

中世纪，僧侣们在金属冶炼、酿酒和利用水力磨粉磨面等方面都成了行家。即使在日常祈祷上，也有两项技术，虽然影响不是那么明显，却日复一日地发挥着重要作用：提示时间的钟声和让光线透入室内的彩色玻璃。

本章中心思想是讲机械时钟和彩色玻璃的使用，不仅改善了修道生活，而且为工业文明在西方的出现起到了促进作用。这两项关键技术在随后几个世纪的演进，为科学革命打下了基础。其重要意义，远不止于科学仪器和设备的制造等实际应用。时钟和彩色玻璃的发明逐步改变了人们对时间和空间的认知。欧洲人自己可能并没意识到，他们的生活越来越精确，越来越符合数学原理。

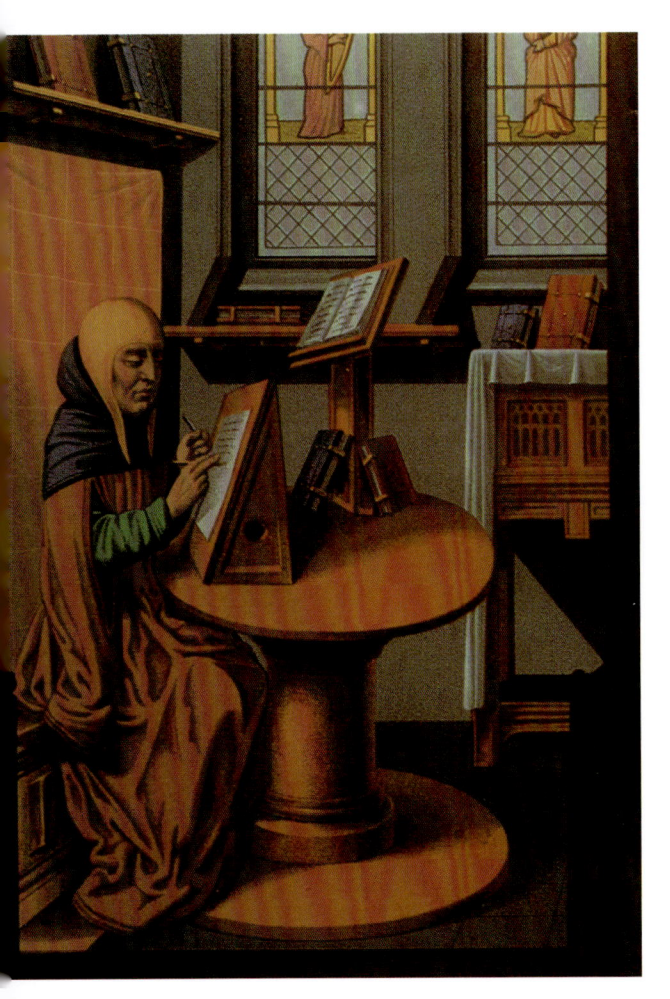

在本章所述时间的起始阶段，英国仅仅是一个无足轻重的岛国。西欧其他地区似乎更具前景。威尼斯和君士坦丁堡都有一种行将称霸全球的架势。然而，真正称得上世界级都市的是日本的京都和中国的北京。中国其含义是中部王国，也就是世界的中心，其文明程度远远超出其他任何地方。

当时，亚欧之间的丝绸之路很是繁忙。传教士、商人、使节，从欧洲最西部到中国东海岸，想去哪儿就去哪儿。只要交纳进口商品关税，谁都可以自由通行。因此，从理论上说，思想和技术的传播有着非常有利的条件。但从实际情况看，在这500年的前半段，伟大的"中部王国"对欧洲那些"蛮夷之地"毫无兴趣，认为从那里学不到什么东西；而到了后半段，东方国家对来自西方的传教士越来越不耐烦。这样，处于同一大陆的欧洲和亚洲，在技术发展上走了各自不同的路。

在前三章，我们谈到了较短时间跨度内的

15世纪的一个僧侣，在镶嵌着彩色玻璃的窗下抄写手稿。

多项技术。现在，历史视角放宽后，我们关注的技术内容转而变窄。难道在玻璃和时钟制作上的进步，就能解释工业革命为什么先是在欧洲发生吗？要知道，1350年前后，欧亚大陆东部几乎在各个方面都处于领先地位。

故事从时钟的发明开始。不过，这个故事还有许多不完整的地方。我们并不确定，第一个制作时钟的钟表匠其动机是什么。他是为了计时，还是想模仿夜空中天体的运动？是对同步化社会的需求带来了时钟的发明，还是机械钟的出现导致了对计时的兴趣呢？

在古代社会，时间是用日晷或水钟来计量的。日照充足的时候，这些装置都没问题；不过要是阴天或太冷，日晷就用不上，水钟也会结冰。所以在北欧的气候条件下，哪个都不适用。

机械钟在欧洲首次出现的准确时间，我们并不确定。我们知道的是，到1350年，诺维奇大教堂已经建起了一座使用天文钟面的钟楼；在圣奥尔本斯，来自沃灵福德的理查德也已把他那复杂的天文时钟建成了一半。不过，13世纪末，可能就有了早期的机械时钟（由于齿轮、飞轮及其他金属部件可以卸下来再次利用，我们没有直接证据，这也是工业考古学中的老问题）。这里的问题是：人们为什么要建造这些巨大的时钟？机械钟这一伟大创意又从何而来？除了报时外，钟面上还显示着天体运行。有些历史学家据此认为，最初的时钟主要是用来做天文测量，其次才是计时。

在一本题为《天国时钟》（*Heavenly Clockwork*）的书中，由李约瑟（Joseph Needham）牵头的一些研究中国历史的学者认为，公元1000年前后中国出现的天文时钟就是欧洲时钟的源头，这是一个被遗忘了的源头。用他们的话说："机械钟不是别的，只是从天文世界坠落下来的一个天使。"

这些天文装置中最复杂的一个是中国于11世纪末做成的苏颂水钟。这是一个有两层楼高的巨大机器，由一架大型水车驱动。轮子上的木桶，水注满后就会触动一个杠杆从而使下一个木桶就位。这是一种擒纵装置，能将连贯的动作转化为独立的、互不连贯的动作。一套钝齿和垂直驱动轴带动了一系列圆环的运动。这套圆环叫作浑天仪，其中的圆环分别代表太阳、月亮等在中国农历中各有说法的星宿，圆环的轨迹也就是这些星宿运行的轨迹。

通过各个星宿的排列，天文学家就能判断时钟是否准确。这一点很重要，因为时钟是辅助皇帝决策的专用工具。这样，天文学与占星术合二为一，星象上的细微不同便会影响到皇帝是与皇后过夜，还是临幸嫔妃。

"中国文化的确很重视时间，"克里斯托弗·卡伦解释道，"从三皇五帝开始，朝廷的一项基本职能就是提供准确的历法。这里所说的历法，不仅是标注了日期或类似星期、月份划分的日历，而是一个越来越详尽的天体运行历，告诉你每一刻的天体运行情况，例如太阳和月亮会在什么位置，等等。这并不是出于求知或思考的需要，而是因为中国人的生活非常讲究应时而为。要是什么仪式选的时辰不对，要是用药的时间不对，或者结婚的日子不对，那后果会很严重。因此，在中国，什么时间

这幅苏颂水钟剖面结构图，体现了机械钟在欧洲出现的两个世纪之前，中国工匠的技术水准。令人不解的是，为什么这些技术没能传承下来。也有学者按苏颂的文字说明去制作这一装置的模型，以求弄清原理。

里做什么事，非常重要。"

官方天文学家都应各自向皇帝禀报，但他们十分担心报告内容不尽一致，所以报告之前往往相互串通。就像戴维·兰德斯（David Landes）在《时间革命》（*Revolution in Time*）一书中所说的那样，"如果天文官发现什么地方不对，他们会调整一下浑天仪，进而更正一下历法。关键的是最后结果，也就是由御用天文官报给皇帝，经皇帝认可并告知天下的说法。这里的判断标准，政治意义要大于科学意义。"

这让我们又回到了欧洲机械钟的起源。这一装置，难道是13世纪或14世纪的工匠，根据来自东方的描述拼凑而成？抑或是他们所做的独立发明？李约瑟及其同事认为，中国的天文钟是欧洲机械钟的先驱。但是，前后200年的时间差，以及欧洲时钟在运行机制上的不同都使这种说法有些牵强。即使时钟的创意确实来自东方，但随后这项技术的演进，在欧亚大陆两大组成部分之间走了截然不同的路径。

戴维·兰德斯在《时间革命》中的说法似乎更为可信。他认为，欧洲机械钟的制造，是为了满足计时的需要。他引述了文献中记录的，13世纪末教堂时钟的修理费用，认为沃灵福德的理查德和帕多瓦的唐迪所建造的天文钟已是这种装置的第3代或第4代，已经根据欧洲人认知上的发展做了改进。有人出的主意是利用落体的重量驱动一个擒纵装置，从而把循环棒的往返运动转化为时间的等分。兰德斯的结论是："不是时钟引发了人们计时的兴趣；而是计时的兴趣带来了时钟。"

但这种兴趣又从何而来呢？当时的欧洲，十个人中有九个住在农村，他们日出而作，日落而息，对白天的具体时间并不在意。但在城镇，知道确切时间，有助于做买卖的和工匠们安排活动日程，特别是安排会面。但对准确计时要求最为迫切的，则是修道院。

按本笃会教规，会友们需时时注意时间。拂晓前，他们要被叫醒；晚祷前，他们要离开菜园，集合一处。有一首叫作《弗雷尔·雅克》（*Frère Jacques*）的儿歌，说的就是一个负责敲钟的会友，总担心起晚，担心耽误大家的晨祷。

弗雷尔·雅克，弗雷尔·雅克，
还在睡？还在睡？

叫人晨祷，叫人晨祷，

叮叮咚，叮叮咚。

修道院使用时钟的好处显而易见，但艾伦·麦克法兰指出，按时间安排作息可能还有更深层次上的意义。"本笃会的做法，是把空间和时间限定在他们的修道院，把社交活动限定在他们的组织范围内，然后再把以上这些划分为若干小的组成部分。在某种意义上，他们就是活时钟，是井然有序的劳动与社交时钟。"

14世纪一个修道士的叫早，与工业革命的起源，似乎没什么关系；但教会组织里的僧侣与棉纺厂辛劳的工人有一点是相同的：虽然他们之间隔着5个世纪，但他们都懂得，忽视时间会带来什么样的后果。相对于机器时代对时间的严格要求，僧侣们那有规律的作息仿佛是一种预演。

因此，僧侣的日常生活节奏就成了随后几个世纪欧洲形成的规律作息的前奏。有趣的是，为了灵魂不朽而按时进行的祷告，在人们头脑中树立了时间观念；而这种时间观念，又催生出贯穿于资本主义文明的一种心理状态。

但为什么对时间的执着仅限于欧洲的修道士呢？佛教和伊斯兰教也都有每天祷告的传统。他们如果有时钟的话，不也一样受益吗？伊斯兰教的祷告是在日出和日落之间，那大概根据太阳的运转也就够了。具体到佛教，长时间的静坐是一种重要的修行方式，但什么时间静坐，倒没那么要紧。

可能还有宗教自治程度方面的原因。佛教所处的社会，大多人口密集，宗教从属于政治；而本笃会教规产生于罗马帝国衰亡之后，受政治的影响较小。

到14世纪末，钟表已经风靡欧洲，钟楼成了一种骄傲。每个城镇都想建钟楼，而且结构越复杂越好、造价越昂贵越好。时间流逝的标志，后来成了公共景观，有镀金小人戏剧性出场，准点报时。这些巨大的时钟都是时代的骄傲。而且时钟的普及，带来了一个更为深远的影响：随着对时间意识的增强，欧洲人的生活也越来越有条理。

虽然早在欧洲时钟出现的两个世纪以前，中国工匠就能制造像苏颂

纽伦堡圣母教堂大钟，是哥特式报时装置的代表。像中世纪欧洲许多城市一样，纽伦堡也希望以其机械时钟的规模和复杂度来显示自身地位。

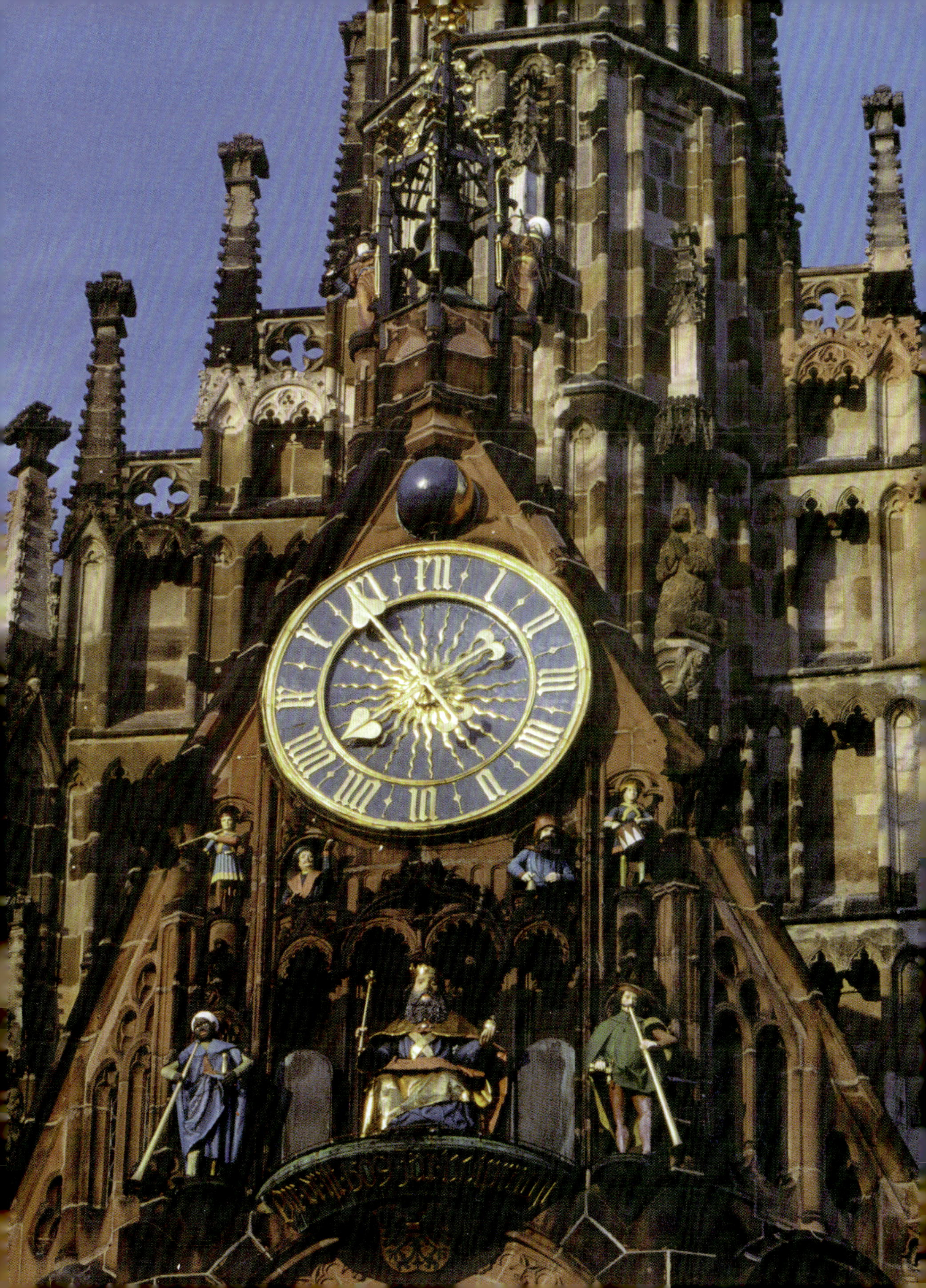

水钟这种装置，但中国的城镇并没出现时钟。这一直是中国技术史上的一个谜。不过，克里斯托弗·卡伦不愿问中国为什么没发生什么，他更喜欢问为什么这会在欧洲发生。他的解释是："对机械技术的这种竞相展示——既然纽伦堡有了，我们也要有——不是中国人的做法。"他说，"这让我想到，开始建造时钟时，他们关注的可能不是时间（虽然中国人也需要告诉别人何时有时间），而是时钟制作中的技术展示。所以，我们可能需要看看，为什么时钟这一带有实用功能的机械装置，在欧洲更受青睐。"

另一说法是，中国不存在公共时间的概念。在某种程度上，时间就像空间一样是专属于皇帝的。北京的钟鼓楼（今天仍在），也曾用来报时，所起的作用看似与欧洲钟楼相同，不过这座钟鼓楼只在夜间报时，也就是日落与日出之间。对此，人们可能不解，因为夜间皇帝的臣民毕竟都在睡觉。答案是，谁要去紫禁城觐见皇帝，谁就得在黎明前几个小

> 紫禁城是皇宫所在，朝廷高级官员觐见皇帝的地方。他们往往天亮前几小时就来到皇宫，之后在候见室等待。夜间，只有太监可以留在皇宫。

时抵达皇宫，以便办理烦琐的觐见手续。所以他们需要夜间报时，以免迟到。除了皇帝外，其他人的时间都无关紧要，因为时间不属于他们。重要的是，绝不能让皇帝等，否则就真的浪费了时间。

东西方之间观念上的不同可能导致了对待时钟的不同态度。在中国，时钟是天文（星象）预测的重要工具，预测结果是皇帝和朝廷的决策依据。而在欧洲，时钟的意义更为直接，它是协调人们行动的工具，而不是用来预测的。

乔尔·莫克尔描述了时钟的出现给欧洲带来的变化："没过几十年，欧洲每个城镇都有了钟楼，也相当于人人都有了时钟。这使欧洲有别于其他地区。这不仅是关注时间，也是一种民主。这既不是皇帝的时间，也不是国王或公爵的时间，而是人人看得到、人人都清楚的时间。从经济学的角度看，这是一个巨大进步，因为许多经济活动和社会活动都需要时间上的协调。假设你我约定，明天中午共进午餐，时间是12:30，那我们都明白，这个时间对你我都一样。要是我们约定中午吃饭，时间是太阳当头的时候，这就没那么容易一致，你我可能要差上半个小时。"

西蒙·谢弗认为，个人时间意识的提高至关重要。"13—15世纪期间，机械钟和时间个性化之间的联系越来越强。"他说，"我们的视线应当从修道士的时间安排转到和其他人会面的时间安排，以及转到给其他人布置任务并跟踪其完成情况的时间安排。"

时间是一种宝贵的商品，可以消费，可以节约，也可以浪费，这种观念开始导致雇主和工人之间的摩擦。在农村地区，农民依然像过去一样，日出而作，日落而息。但像布鲁日和根特这样以纺织为主的地方，上班的钟声不知不觉成了每天的例行公事。无论钟声来自教堂钟楼，还是来自雇主的时钟，都一样招致愤恨——尤其是那些在家里做计件工作的人。外包工人是以件数计酬的，他们不理解，工作什么时候开始、什么时候停止到底有什么关系。

1347—1350年的黑死病，使劳动力数量大为减少，而挺过来的工人则有了政治砝码。1367年，在泰鲁阿讷，在工人的抗议下，教会同意取消上班鸣钟。不过，其他地方虽然也有抗议，钟声大多还在继续。部分问题是出于不信任，因为工人们怀疑雇主会为了自身利益而"调整"时钟。这种事情大概属于都市传说，因为没有出现过这种"调整"的实例。

随着钟面的改进，怀疑开始缓解。因为每隔十五分钟钟声响起的时候，雇主和工人可以同时查看时间。时钟不再是工人的敌人，而是计算已完成工作量的一个独立标准。

在《技术与文明》（Technics and Civilization）一书中，刘易斯·芒福德（Lewis Mumford）描述了时钟在欧洲所产生的巨大影响：

> 规律的钟声，给工人、商人带来了一种新的生活节律。钟楼钟声几乎成了城市存在的标志。单纯的计时，现已发展为定时服务、时间统计以及时间分配。伴随这一切，人们的活动，不再一成不变。现代工业社会的代表不是蒸汽机，而是时钟。在机器发展的每个阶段，时钟既是杰出成就，又是典型标志：时至今日，还没任何机器像时钟这样普及。

谈到工业化时代的终极标志，时钟比蒸汽机要略胜一筹。组装、调试那些钝齿和飞轮所要求的精确工艺，让时钟走在了蒸汽机前面。随着座钟和手表的流行，这种技术越来越复杂。现代化的一个永不过时的主题是：需求是创新之母。充分的市场需要，促使制造商采用劳动分工等方式，生产出价廉物美的钟表。

这些个人专有的钟表不再是富人的专利品，使每个人都可以支配自己的时间。很多历史学家都强调过工业革命的发展中，那些勤劳而执着的个人的重要，时钟则是辅助他们的工具。正如戴维·兰德斯所说，公共时钟只是在你看得见、听得到的情况下才有用。而座钟和手表则不然：随时可见，随时可听，随时陪伴。区区一个指针，尤其是分针（时针转动太慢，看似静止）却能告诉你，花去了多少时间，节约了多少时间，浪费了多少时间。因此，在个人成就和效率方面，钟表起到了刺激和推动的作用。

如同机械钟给人们在时间支配上带来了革命一样，玻璃则改变了人们的空间感和他们对世界的看法。在西方（而不是东方），玻璃的故事，与钟表的故事有异曲同工之妙。

在普拉卡登修道院，僧侣们一天的活动，虽然是由时钟界定，但那穿过华丽的彩色玻璃窗，投射到室内的光线，才使这个地方充溢了圣洁感。夏天的早上，弥撒庆典期间，唱诗班南侧的玻璃窗格会透入一束束的阳光。当僧侣们迈步上前，把圣餐杯举到唇边的时候，他们的脸就会沐浴在阳光的折射之中。每天，从日出到日落，在每个礼拜堂和袖廊，彩色玻璃窗都反射着上天的光芒。

普拉卡登修道院的彩色玻璃窗，大多是过去几十年间僧侣们自己制作的，这是他们自中世纪就有了的一个传统。玻璃制造的起源，我们不太清楚。这是一项古老的工艺，可能首先出现于埃及或美索不达米亚，之后传到了欧亚大陆。制作工序比较简单，不过需要大量热量来融化原材料。理论上而言，通过加热沙子，就能制作出玻璃。但在实践中，所需的温度太高，需要添加碳酸钾或碳酸水来降低熔点。后来，人们又加入了第三种成分——石灰，目的是固化玻璃，防止水溶。

公元前 1 世纪，玻璃制造工艺上的突破催生出一类新工匠：吹玻璃师。这项工艺的起源，我们也不太清楚。可能有人注意到，熔化的玻璃中有气泡产生，于是拿根空管随便试了一下；但这魔术般的一试，不仅为玻璃产品增添了优雅，而且提高了产品的复杂度。玻璃可以制成中空的球，可以拉成玻璃丝，还可以不露痕迹地焊接到一起，所有这些，给一代又一代的工匠带来了灵感。到后来制作科学仪器时，这些性能得到了充分利用。

在出版于 1556 年的《大金属》（*De Re Metallica*）这本技术指南中，乔治·阿格里科拉（Georgius Agricola）描述了吹玻璃这一工艺：

他手执吹管去吹，就像在吹泡；他掌握着吹的节奏，换气时拿下吹管，以免吸气时吸入火焰。吹过后，他把吹管卷起来，套在头上，此时一长条玻璃或是一个铜管般的玻璃管已经成形。他把玻璃管转来转去，之后再加温，再吹，再压，就可以制成杯子、容器，或他想要

在北欧，时钟成为第一个家用机器。这个家用时钟，可能制造于 15 世纪的德国。

的其他物件。

人们对玻璃的兴趣，在中世纪再度兴起。制玻璃用的熔炉，往往坐落于修道院附近的林间。为了满足欧洲城镇对玻璃的无尽需求，大片大片的森林被伐。到16世纪，木材资源日渐稀缺，引起了炼铁厂和玻璃厂之间的竞争。苏塞克斯的一名炼铁师，出于对玻璃工火爆生意的嫉妒，给他们发去了这样的警告："要是你们还想接着干这门奢侈行当的话，就搬到离市中心远点的地方去；无论如何，不要在苏塞克斯铁矿附近伐树，不要在英格兰人用木材盖房子的地方伐树。我想我们不用玻璃杯和高脚杯也能凑合，要首先保证造出足够的加农炮和炮弹。我们轮流享受国王的厚爱怎样？总之，先生们，你们也该尝尝苦头了。"

在全欧洲，玻璃已成为奢侈品。威尼斯的玻璃制品享有世界第一的美誉，比银器和金器都抢手。当时有人这样描述："今天的时代，是金器银器让位的时代。我们的上流社会已厌倦了那些金属器皿，因为到处都是。选用酒器时，他们大多会选择威尼斯的玻璃器皿，而不是像过去那样，选择金属或石制器皿。"

威尼斯人生怕自己的玻璃制造工艺被外国间谍偷去，干脆把生产厂家搬到了穆拉诺岛，禁止外国人前来。在这方面，谁要是里通外国会受到严厉惩处。1547年，威尼斯议会在其法律中新增了这样一条："如果工人将其技艺带到他国，给共和国带来损害，将向其发出回国令。如不服从，其直系亲属将被囚禁。如仍拒不回国，将派出密使，将其杀掉。"

带着对这段历史的了解，艾伦·麦克法兰来到了穆拉诺岛。这里，玻璃制造的传统仍在延续，不过今天，各个生产厂家竞相招揽外国

图为早期玻璃厂情景，从中可以看到大窑炉，以及正从窑炉中取出熔化玻璃的吹玻璃师。这幅雕刻出自《大金属》，是介绍中世纪技术成就的一本插图教科书。

游客。

　　从历史角度看，威尼斯是个很有意思的案例，因为在本章所覆盖的500年之初，威尼斯恰处于鼎盛时期。到1350年，它已是一个非常成功的贸易国，拥有规模庞大的商船船队，还有一支不容小觑的海军。其运河系统提供了便利的出海通道，是当时世界上最快的高速路。通过海上出口货物，特别是像玻璃这样的易碎品，要比走颠簸的陆路快得多，也安全得多。

　　麦克法兰认为，威尼斯具有现代社会那些成功的国家所具有的许多特质，因而具有典型意义。在他看来，其成功的秘密，在于不同生活圈子之间所形成的一种难得的平衡，这使其具备了当时大多数国家无法比拟的优势。作为早期的共和制国家之一，国家本身不是那么强势，因此政治上比较自由。加之本身位于岛上，所以来自罗马教皇的宗教压力也比较小。要是天主教会前来干预，聪明的威尼斯人也有办法避免冲突。

　　例如，当时教会有项裁定，借钱非法。而威尼斯这种规模的商业王国需要流动资金，因此这里的商人就想办法解决这一问题。他们创建了世界上第一个犹太人居住区，专门用于洗钱。在居住区之外，犹太人不得与当地人混居。洗钱只是在这个小范围内进行，而这个地方，过去曾经用作铸铁车间。

图中这个于1445年手工制作的玻璃碗，出自穆拉诺岛最早的一个玻璃世家。穆拉诺岛的玻璃器皿，以其繁复精致的工艺闻名于世。

在《威尼斯商人》(*The Merchant of Venice*)剧中,莎士比亚借夏洛克对安东尼奥的话,揭示了这种做法的虚伪:

您骂我异教徒,杀人的狗,
把唾沫吐在我的犹太长袍上,
只因为我用我自己的钱博取几个利息。
好,看来现在是您来向我求助了;
您跑来见我,您说,
"夏洛克,我们要几个钱,"您这样对我说。
您把唾沫吐在我的胡子上,
用您的脚踢我,
好像我是您门口的一条野狗一样……

威尼斯的海上生意所带来的巨额财富,使相关利益方互不相扰。自由主义、平等主义和商品经济的结合,造就了一个生机勃勃、繁荣昌盛的社会。但三四个世纪之后,到英国开始工业化的阶段,威尼斯已逐渐淡出。为什么呢?

威尼斯最大的劣势,在于这个地方太小。它实际上陷于这一时期新兴帝国的包围之中。其次,这里缺少原材料,尤其是铁和煤;所以"铁器时代"在这里无从谈起。最后,是能源短缺——这里没有急流,少有强风,而且没有森林。开始,原材料是靠进口,但后来随着价格的升高,这越来越不划算,所以铸铁车间才成了犹太人居住区。

威尼斯继续做着商业港口生意。穆拉诺岛的玻璃器皿仍然是欧洲宴会厅里的宠儿。岛上玻璃的质量,使其非常适合用作镜头材料,但威尼斯未能垄断玻璃制造。出于不同原因,在气候偏冷的北欧,也在大量生产玻璃。

做窗户用的玻璃,早在罗马时代就已出现。到了中世纪,人们开始用这种玻璃制作哥特式教堂的彩色玻璃窗。为使玻璃呈现不同颜色,制作中加入了金属氧化物:加钴后生成深蓝色,加铁后生成绿色,加不同的铜氧化物则会生成蓝色、红宝石色以及程度不等的绿色。随着彩色玻璃窗在教堂的普遍使用,透明的冕牌玻璃,在公共建筑上也越来越常见。

冕牌玻璃的制作，先是由技术高超的吹玻璃师，用吹管把一大坨熔化玻璃吹成球体；之后，助手在球体上取下一小块，形成一个圆孔，然后就是吹玻璃师的拿手好戏。他把中空的球体在手中快速地转来转去，直到地球引力将球体玻璃变为平的圆盘。这种圆盘玻璃相对较小，而且易碎。每块玻璃的中间，是突出的"牛眼"或称"王冕"，冕牌玻璃即由此得名。虽然今天的人们喜欢老牌商品，但当时的"王冕"部分往往被当作废料扔掉。从余下的圆盘中，只能切割出尺寸很小的方形玻璃，因此这一工艺不适合制作大块玻璃。

一开始，玻璃过于贵重，只有公共建筑才装玻璃窗。窗格是可以拆卸的，这样，如果某个建筑一时不用，就可以把玻璃窗保存起来。后来，随着成本的降低，大多数城里的房子，也安上了玻璃窗。到1830年，"火箭号"开始运行的时候，制作冕牌玻璃的方法已基本过时，取而代之的，是可以生产大块玻璃的手工圆筒工艺。

玻璃制造本身是一项重要产业，但这种物品的真正意义，在于对现实生活的影响。假设没有玻璃，北欧寒冷而漫长的冬日，将会更显漫长。玻璃出现之前，房间里大多又黑又脏。不难看出，为什么早期文明，是在地中海东部的温暖气候里发展起来的。吃饭、思考、做学问、做生意，都可以在开放而有光线的房间里进行。玻璃窗改变了北欧的室内生活。如果车间有玻璃窗，冬天里的工作时间就能更长，工作效率也会更高。这意味着那些潮湿多雨的国家，例如英国与荷兰，生活终于得到了改善。这是室内文明的新纪元。

玻璃不仅透光，而且让人看得见尘埃。17世纪荷兰家庭里的大玻璃窗，使整个房间沐浴在阳光之中，不留任何暗角。这催生出一种新的卫生环境，房间清扫成为日常生活的一个组成部分。地板、锡器、时钟玻璃罩，甚至窗户玻璃，都在清扫之列。

玻璃对人们体验外部世界，也有着潜移默化的影响。实际上，它给人们提供了观察世界的一个窗口，可以通过这个带框的视角来看现实。眼睛看到的图像，还可以用一种特制玻璃来放大。正是这种特制玻璃，后来给科学带来了革命，而且延长了人的工作年限。其原理是玻璃的屈光和放大功能。

眼镜片出现于13世纪末，是用来矫正远视的，也就是"花眼"。矫正近视的镜片，要在两个世纪之后才出现。"花眼"是中年人的普遍问题（今天依然如此）。这是由眼睛晶体的硬化造成的，表现为对近处物体无法聚焦。"花眼"严重后，看书时就得把书举得很远，到最后这都无济于事。但眼前放上个凸透镜，"花眼"问题就能得到解决。

这里的问题是，为什么眼镜的发明用了那么长时间？乔尔·莫克尔提示道："罗马人有出色的吹制玻璃的设备。如果他们愿意，是能制作眼镜的。他们肯定也需要眼镜，因为今天导致'花眼'的生理过程，对他们来说也一样。他们也都识字，不少人都读书，还有不少工匠要干细活，要看小东西，可他们从没做过眼镜。为什么呢？"

乔尔·莫克尔的解释是，制作眼镜所需的不仅是玻璃制造技术。要想做出精确的透镜，还需要几何学和光学知识。他认为，伊斯兰的科学家，例如研究过光线在曲面镜和玻璃球上折射的阿尔哈曾（Alhazen），可能发挥了一些作用。虽然没有证据表明，200年后做成眼镜的人，曾读过阿尔哈曾的书，但在这两个世纪的时间内，知识的传播是不间断的。

对罗马人没能制作眼镜，艾伦·麦克法兰另有解释。他的说法是，如果你有受过教育的奴隶，那你老了之后，并不需要眼镜，让奴隶读给你就是了。普林尼就常让仆人朗读，以免浪费时间。所以，只要你有年轻点的奴隶或学徒读给你听，那就不需要眼镜。在教堂，在修道院，这种做法比较常见。一个人的默读，是西方后来才出现的概念。保持朗读传统的地方不多，其中之一便是本笃会修道院。在普拉卡顿的餐厅，一日三餐都伴有朗读——物质食粮和精神食粮同步提供。一周的过程中，新内容逐章展开。

相对于中世纪的生活而言，眼镜可能只是一个无足轻重的辅助工具，但它使工匠的工作寿命翻了一番，特别是那些从事精细工种的，例如乐器制造师、织工和抄写员。视力条件的改善，对学习起到了促进作用。那些经验丰富但上了年纪的学者，又可以读书、写作了，这有助于提高人们的精神生活质量。到15世纪，印刷术的发明带来了更多对眼镜的需求。排字工、校对人员、印刷工，都用得上眼镜。

虽然威尼斯生产了质量最好的光学玻璃，但这里没能开发精密镜片的研磨工艺。这项技术还是出自北欧，尤以荷兰最为突出。我们在第三章已经说过，16世纪末，包括约翰·利珀舍姆和扎哈里亚斯·扬森在内的荷兰眼镜商，已能制作出精确度极高的透镜，而且通过不同镜片的组合，制成了最早的望远镜和复式显微镜。到17世纪初，月亮上的环形山，苍蝇的复眼，都能看得清清楚楚，这是史无前例的。

在《技术与文明》一书中，刘易斯·芒福德阐释了这些光学仪器所产生的深远影响。他说："其中一项拓展了宏观世界的范畴，另一项则揭示了微观世界：这使人们对空间的传统概念被完全颠覆。从新视角的角度，这两种仪器，可以说扩大至无穷远的可视边际，同时几乎无限地增加了我们对物体的认识层次。"

那么，1350—1600年期间，到底发生了什么，才使玻璃的这种用途成为现实呢？一个关键因素，是人类知识尤其是科学知识的增长，以及思考新事物并准确制作的能力的提高。西蒙·谢弗强调了精密工程在透镜制作上的重要性，他说："到17世纪，透镜制作不仅是一项极其复杂的技术，而且是所有技术中最精确、要求最高的，与其他技术相比，要超出四五个数量级。磨制一副好透镜，比当时欧洲人做的任何其他事情，难度都更大，耗时也更多。"

科学革命是和玻璃制造上的革命同步进行的。如果没有玻璃，科学很难发展。设想一下不用玻璃的化学，那试管、曲颈瓶和蒸馏烧瓶就无从谈起；或者是物理学，那温度计、气压计和钟式玻璃罩就不复存在；抑或是医学，那也就没了显微镜载片、样本容器和培养皿。

没有其他任何材料，像玻璃一样具有那么多的性能：透明（化学反应和生物标本都一清二楚）；稳定（能承受腐蚀性化学物品）；加热后可熔（因此能吹制成各种形状）；易清洗（这样实验容器就可以重复使用）；坚固（这样从玻璃容器中抽出空气做真空实验才有可能）。

没有玻璃，伽利略、托里拆利和玻意耳等许多科学家就无从研究温度、压力和气体膨胀之间的关系。而没有这方面的知识，两个世纪后"火箭号"的制造就不可能。

玻璃还有另外一个用途，而这个用途对人类文明有着潜在影响。在银汞合金表面覆上一层玻璃，玻璃表面就成了镜子。威尼斯玻璃制造商最伟大的成就之一，就是镜子制作。起初，镜子仅用于贵族沙龙，但后来小手镜逐渐普及。刘易斯·芒福德描写了镜子使用带来的意外效果：

这是人们第一次看到自己的形象，和别人看到的一模一样。而此前，只是通过水面或金属镜子，才模模糊糊地看到自己。……镜子的使用，标志着人们可以经由这种现代方式来反观自我：也就是说，不是通过内心的反思，而是直接看着自己，看着自己具有内在深度、内在神秘感和内在维度的形象来反思。……以物理学的方法将世界与自己隔绝，和以照镜子这种反观自我而且颇具诗意的方法，将自己与世界隔绝，在同一过程中融为一体。

在向自我审察和自我沉迷这两个方向的发展中，镜子扮演了重要角色。这方面的典型表现，是借助镜子来做自画像。其中最为突出的，可能是伦勃朗的自画像。通过描绘镜子里的自己，他画出了一个正在变老的男人的内心。早期自画像中那个光鲜而充满朝气的年轻人，变成了一个黯淡的、与世无争的角色，其所面对的已是自己的大限。

个人主义的诞生，科学的延伸，对世界的新认知，这些都属于工业革命的基础，而将其连接在一起的，就是玻璃。塞缪尔·约翰逊博士，描述了这种透明材料产生的奇迹。而这些奇迹，往往被历史学家

伦勃朗自画像，分别作于他 34 岁和 63 岁那年。伦勃朗享年 63 岁。

所忽视：

头一次看到沙和灰加热后，熔化成金属般的形态，表面粗糙，杂质间陈，谁会想到，这难以名状的东西，会给我们的生活带来那么多便利；会让用上这种东西的人感到那么的幸福。正是通过这意外而幸运的液化作用，人类得到了一种坚固而透明的物质。它，阳光可以穿透，风沙无从侵入；它，可以开阔哲学家的视野，让他对造化的深无止境着迷不已，同时又对人为万物之灵感叹不已。更重要的是，它还能改进老年人的视力，从而弥补自然规律下的功能衰退。这就是玻璃制造能手的贡献，虽然他自己可能都没料到。这让我们更加享受生活，也延长了我们享受生活的时间；这拓展了科学的道路；这给人们带来了最为持久的乐趣；这让学生思考自然；这让美人看到自身。

本章最后，让我们跟几位历史学家一道，探讨一下为什么玻璃和时钟在东方未能得到发展，看看这是否有助于解释为什么中国未能在欧洲之前实现工业化。

1350年的中国，是世界上最强的国家。这里有最悠久的文化，规模最大的贸易船队，最高效的农业生产以及技术发明的优良传统。有人甚至认为，当时的中国超出其他地区太多，所以对远离"中部王国"的地方出现的、看来微不足道的技术进步不屑一顾。

欧洲人看中国，很容易陷入以欧洲为中心的怪圈。中国有意与西方相隔绝的说法，被研究中国历史的学者嗤之以鼻。克里斯托弗·卡伦对这种说法做了个比喻。他觉得这就像1920年前后英国报纸上的一个头条："雾锁海峡，大陆隔绝"，那时穿越海峡还没有雷达。他说："事实是，很长时间之内，世界的经济中心都是在印度洋和东亚，与西北欧的几个小岛关系密切与否对中国无足轻重的说法是很片面的。"

无论如何，1350年之后的5个世纪里，这几个雾蒙蒙的小岛发生了令人瞩目的变化，而东方则走了一条与此不同的道路。探讨个中缘由是很有意义的。时钟制造在欧洲兴起后，东西方对待时间计量的态度截然不同，这一点我们已经述及。而在玻璃生产上的差异，所产生的影响要更大。

1350年，玻璃在西欧主要有三种用途：窗户、水杯和珠宝。中国仅用玻璃制造廉价的珠宝仿制品。到1600年，当欧洲开始制作镜子和透镜的时候，中国的玻璃制造能力还很有限。中国不缺能工巧匠，而且只要东西有销路，就不愁没人做。问题在于没有需求。

中国和日本对玻璃窗不感兴趣。他们用油纸做出漂亮的窗子和屏风，可以在木制滑道上推拉，夏天里还可以取下。日本人的房子，是用竹子建的，窗子则是纸。窗子上如果安装玻璃，那在这个地震频发的地方，玻璃会从窗框里脱落并摔碎。玻璃生产对能源、资源要求较高，如果有合适的纸质替代品，那何乐而不为呢？

中国和日本的国饮是茶。葡萄酒酒杯用于喝红酒再合适不过，但喝热茶则不然。此外，中国生产瓷器，这是一种全世界都想要的产品。瓷制茶具和餐具是中国人做到极致的奢侈品。在他们的社会里，没有玻璃的位置。

到1600年，当西方开始利用玻璃的光学价值的时候，中国和日本仍未习惯玻璃制造，也仍未习惯时钟制作，因此，与这两种技术相关联的

传统的日式建筑，用的是推拉式纸质屏风或纸窗，又叫障子。

科学发展在东方未能出现。

对西方的快速发展，中国和日本一直没太在意；直到16世纪，当欧洲商船出现在海岸线的时候，他们才有所警觉。即使这样，按当时中国人的观念，西方商人除了银器外，没什么其他好东西。而欧洲人急于做生意，急于找到新地盘，以扩大其势力范围。基督教传教士开始进入亚洲腹地，但也遭到越来越多的怀疑。

对这些外国来客，"天朝帝国"有所怀疑是有道理的，也很少给他们发通行证。要想排除障碍，唯一的办法是设法见到皇帝。利玛窦（Matteo Ricci），意大利的一位传教士，决心闯闯这道关。他于1602年出发，随身带了不少西方珍宝，感觉有条件进入紫禁城。去往北京的路上，他用时钟和星盘取悦了不少地方官员。在1605年的《中国札记》（Journal）中，他这样写道："这些地球仪、座钟、球体、星盘等，都出自我手，我还教他们怎么用，这让他们觉得，我是世界上最伟大的数学家。天文学的书，我没带一本，但借助星历表和一本葡萄牙语历书，我有时比他们更能预测日食、月食。"

来到紫禁城后，他大失所望，因为他无从进宫。他只好委托守在宫门的官员，把自己的礼物献给皇上。他进献的物品，包括两个座钟、两个棱镜、八面镜子和若干玻璃瓶。此外，还有一些宗教用品，包括基督和圣母玛利亚的画像、祈祷书以及镶嵌宝石的十字架。

利玛窦没有死心，他在附近一家旅店住下，等候着宫里的消息。他很想知道，皇上对他进贡的那些礼物是如何看待的。一开始，他还很高兴，因为太监告诉他，皇上对机械时钟很着迷，而且，更重要的是，当"天子"看到上帝之子的画像后，他的反应是："此即当今之偶像！"不过，接下来的消息就不一样了。可能"天子"不喜欢竞争，皇上对上帝之子产生了恐惧。对传话的太监，利玛窦每天都要问来问去，想听听还有什么消息。

在他把座钟献给皇帝之前，利玛窦上了最后一次发条。他知道，几天后，时钟就会停摆。当然，时钟如期停止报时。皇上大怒，派人找到利玛窦，把他带到宫里。他成了进入紫禁城的第一个欧洲人。进宫后，他多待了些时间，为的是教那些懂数学的太监如何维护时钟。他们认真

欧洲的炼金术师们常常模仿中国生产的高雅瓷器，如上图——一只中国明代（15世纪早期）的精美罐子。

耶稣会传教士利玛窦（1552—1610年），在中国生活了28年。他学会了中文，得到了"西方哲人"的美誉。

做了笔记，记住了时钟的每个细节。这是出于保命之需，因为皇上出名地残暴。有不少仆人，仅仅因为一些微不足道的差错，就被殴打致死。

时钟重新摆动之后，龙颜大悦，利玛窦也得以建立起与皇宫的联系。但就像戴维·兰德斯指出的那样，"利玛窦追求的不是喝彩，而是灵魂。在学问和技术展示的背后，有这样的潜台词，那就是，科技如此辉煌的地方，其他方面也一定先进，特别是在精神层面。时钟创造的灵感来自上帝"。

回到故事本身，利玛窦到底没能见到皇上，这样，他想让皇上皈依基督教的打算就落空了。不过，他了解了皇宫的工作方式，并把时钟引进到宫里。后来的皇上都收集机械钟，不过他们仅把时钟视为机巧的玩具，而没有其他任何用途。作为无关痛痒的娱乐工具，这些时钟平时都锁在大厅里。它们属于御用品，宫外没有，因为时间是皇上的。这种状况持续了几个世纪。

当耶稣的信徒把机械钟带到日本的时候，那里的反应则不一样。日本人想自己制造时钟，但认为西方把一天均分为24小时的做法，无法准确反映大自然。夏季天长，冬季日短，为在时钟上体现这种规律，日本钟表匠使用两套自旋分量，白天一套，晚上一套，因此时钟的摆动有两个速度。难怪这种时钟走得不准，因为不时需要校正。时钟是贵族阶层用来相互炫耀的东西，对日本的日常生活没有多少影响。但时钟的复杂机制，表明日本工匠掌握了相应的技术，只不过这种技术在社会上并无需求。

到16世纪末，基督教已在中国和日本广泛传播。对此，两国的统治阶层深感不安。他们开始施行新政策，旨在消除西方影响。传教士和他们的新信徒就成了这种政策的牺牲品。

基督教在日本传播很广，招致幕府将军做出了驱逐传教士的决定。在俯瞰长崎的一座山上，26名基督徒被处决。1612年，基督教遭禁，教堂被毁。随后的几十年里，迫害不断升级，但这反而强化了日本基督徒的信仰。最糟糕的一次，一群信徒被赶到悬崖边上，继而被推下滚烫的温泉。

幕府阶层不想让西方势力影响日本。1630年后，他们采取了一系列措施，将日本与外界隔离开来。首先，禁止日本船只出国；其次，禁止日本人出国，已经出国的日本人则禁止回国；第三，禁止对外贸易；最后，禁止欧洲人入境。这就使日本与外部世界完全隔绝。日本和中国之间以及和亚洲其他地区之间的贸易仍在进行，但在随后的两个世纪，东方的大门，对西方是关闭的。

1650—1850年间，欧洲各国相互竞争，开展思想交流，对西方的快

紫禁城，外国人不准入内。但利玛窦凭其让座钟停摆的把戏，终于进到宫里。

长崎，26 位基督教殉难者纪念碑局部。

速发展产生了很大影响。日本有个小小的窗口，通过这个窗口，对西方的成就可见一斑，这就是长崎附近海域的出岛。日本允许一小部分荷兰商人住在这个岛上，前提是他们不去日本其他地方。

日本人希望出口陶瓷、漆器和其他装饰精美的工艺品，但与荷兰人打交道后，带来了其他一些机会。少数特权阶层的人学会了荷兰语，进而了解了西方的科学和医学。在下一章会看到，正是这层联系，最终使日本先于中国实现了现代化。

日本工匠以其精巧的工艺著称，尤其是他们的漆器和木版印刷。西方有项发明，肯定会延长这些工匠的工作年限，这就是眼镜。但在此期间，卖到日本的玻璃镜片寥寥无几。

艾伦·麦克法兰很想找出透镜技术在东方没能更早发展的原因。他开始怀疑这与视力差异有关。通过观察在剑桥留学的日本学生，他发现，即使他们戴着眼镜，读书时，还是把书拿得离眼睛很近。他们的问题是近视。

他想进一步了解，在日本青少年之中，近视是否是个普遍问题，于是他走访了东京著名眼科大夫所泽教授。他了解到，日本小学生中，近视患者比例约为 30%；到了中学，50% 以上；到了大学，几乎高达 70%。这比西方要高出许多倍。

20 世纪 20 年代在上海工作的美国眼科大夫奥托·拉斯穆森（Otto Rasmussen）发现，中国存在着同样的问题。他认为这就是为什么中国画的画面前方景致清晰逼真，而背景部分往往只是模糊的远山和白云。他指出，这么高的近视发病率，原因主要有三：首先是膳食中维生素 A 的缺乏。他认为这与耕地的过度种植而肥力不足，进而导致所生产的粮食质量下降有关；其次是遗传差异；第三是视疲劳。汉字的读和写，对视力要求都很高。除了读写外，还有那些繁复的工艺品制作，例如在瓷器上作画、漆器制作等，而室外体育活动相对较少，因此近视的高发病率，就没什么奇怪的了（当然，也有可能是因为近视，所以对这些精细工艺更为擅长）。麦克法兰的说法更有意思：可能正是因为对细微事物的关注，才成就了日本和中国在微电子和微工程领域的卓越地位。

显然，东方国家同样需要眼镜——那日本为什么没能制作眼镜呢？麦克法兰认为有几个方面的原因。其一是人们开始需要眼镜的年龄。在西方，中年人的"花眼"，会让他们的有效工作年限减少10～20年，而这正是他们技术最好的年龄段，所以如果工作年限能够翻番，这对他们再好不过。而在东方，视力上最主要的问题是近视，而且年轻人还没什么技术可言时，就开始承受近视之苦。这一问题的补救办法，是把看的东西拿得离眼睛越来越近；随着年龄增长，近视会有所缓解。

此外还有一个技术障碍。近视的矫正，需要的是凹透镜；这比"花眼"用的凸透镜难做得多。日本和中国连较简单的凸透镜都很少做，所以几百年之后，他们才开始制作凹透镜。

玻璃制造和时钟制作，只是西方早已有之而东方迟迟没有的技术中的两例。虽说这两项发明中的硬件因素很重要，但使东西方真正区别开来的，则是制作背后的想法这一"软件"因素。竞争与合作的奇妙组

日本中小学生的近视眼发病率远远高于欧洲。这能不能解释日本人对精细事物的兴趣以及他们在微电子领域的成就呢？

合，带给西方一种全新的思考方式。中国没有来自邻国的竞争，对思想交流也没什么兴趣。儒家等级分明的政治制度，对创新和个性发展起不到激励作用。企业家倒是很多，但他们所处的社会地位太低，无从发挥实质性影响。因此，在本章所述的时间跨度内，中国是在慢车道上行进。

这个时期，从技术角度，中国虽然无足轻重，但在经济方面，仍然是一个举足轻重的角色。中国的贸易范围，比欧洲任何国家都广。不过正如乔尔·莫克尔指出的那样，形势行将发生变化。

1851年的万国博览会，是当时世界上规模最大的活动，也是工业革命成就的体现。

"到1800年前后，对欧贸易仿佛是地平线远方的一个影子。但谁要是忽视这个影子，谁就得承担风险。"莫克尔说，"有一天，他们会开着炮艇出现在你面前，他们会侵占你的地盘，逼你接受屈辱的和平协议，会把你的城市划走一大片，去做自由贸易区，就像英国人把香港拿走一样。所以，一开始，他们可能只是远处的一个影子，但是，这个影子来得很快。"

西方工业革命成果的集中展示是1851年的万国博览会。这是在一个玻璃大厅内举办的，当年是伦敦一景。世界各地的人纷纭而至，来亲眼见证机器时代的这一盛典。小说家夏洛特·勃朗特（Charlotte Brontë）也曾两度光临。有意思的是，她觉得西方成就的这种展示，与东方的巴扎集市如出一辙。

似乎只有魔力才能从地球的四面八方集中这么多的财富；似乎要有神助才能做出这样光鲜亮丽、色彩纷呈的布置。走廊上的人流，好像被一股无形之力摄住一样。3万观众，听不到一声喧哗，看不到一点不规矩的行为。人群像潮水一般静静流淌；时有低沉的嗡嗡声，就像从远处听到的海的声音。

博览会开展一个月后，门票从1英镑降到了1先令。在第一个"先令日"，前来参观这座"水晶宫"内8英里长展览的人群中，劳动阶层占了多数。跟那些来看热闹的不一样，他们是来学习的。那年，亨利·梅休（Henry Mayhew）对展出的工业成果受欢迎的程度，做了如下详尽描述：

"先令日"里，机器是最大的看点，是展览中的奇观。在这个展区，和你摩肩接踵的，是些身着灯芯绒夹克或宽松罩衫或皮质长筒靴的人，他们比其他人对展品更为好奇。他们挤在护栏边上，把头伸到护栏里，专注地参观机器展示。你从这些农民帽子上的尘土，就能看出他们走了多远的路。看到机器自动运转，看到某些机器部件的自动伸缩，他们目瞪口呆，却又心满意足。

最吸引人的，是动力织布机。一旁的观众里，有工匠，有一般工人，还有双手又红又粗糙的年轻人，显然是自谋生计的。他们都认真地听着讲解……在酿酒展区，一群群的男男女女，在楼梯上来回走动；年轻人则盯着新式气动火车轨道上的示范运输。无论是吵人的亚麻压制机，还是水珠四溅的离心泵，无论是哗啦啦响的提花机，还是那转动得令人眼花缭乱的滚筒式蒸汽压熨机，在每项展示旁边，都挤满了纯朴而求知若渴的工匠、农夫、仆人、年轻人及儿童，都想弄清机器的运转是怎么回事。

对这些人而言，万国博览会不仅是展览，还是课堂。工人们往往没读过多少书，但对那些与人类生活密切相关的知识——也就是说，对人类动机的理解，对自然资源的利用使其造福人类等，工人们比那些号称属于"上流社会"的人，往往更加关注。因此，对于那些看似乏味的地方，上流人仅是随便逛逛而已，劳动阶层则当成学习的课堂。

这些机器的发明人和制作工程师对博览会的反应跟其他人并不一样。万国博览会是世界工业化成果的集中展示。虽然此前半个多世纪，大英帝国一直享有"发明之母"的美誉，但有迹象表明，这行将改变。美国展厅里，展出了一系列令人目眩的发明创造。那些工匠和农民肯定纳闷：美国这个暴发户，怎么可能偷偷跑到前面去了！

不断扩大的疆土，人民的开拓精神，产生了对机器和工具的大量需求；而这些机器和工具，应当既好造又好用。如果机器操作复杂，要很长时间才能学会，那美国人是没这份耐心的。这种情况下，催生出一系列外形美观、操作简便的机器。没过多久，英国就决定，派出一个工程师代表团，到大洋彼岸的这个新世界去看看工厂车间里的情况。

利玛窦进入紫禁城的250年后，一艘中国小船驶入了泰晤士河。船上的一位船员，在万国博览会开幕那天，参观了这个展览。当时的英国，中国人极其少见，所以当他向维多利亚女王鞠躬致意时，人们还

以为他是特使,就请他加入了参观的队列。

当他在玻璃大厅里转来转去的时候,很难想象对西方成就的这一集中展示做何感想。对自己国家的科技发展,他可能所知无几,不过他可能会想,世界上最强大的国家,怎么好像一时落到了后面?没错,在这个帝国,维多利亚女王居于王位,可她并非上天之女。看着周边的商人、银行家和政客,这位船员大概也意识到,这个社会大不一样,不仅更富庶,而且更自由,更平等。在这里,人们可以自主支配自己的时间和空间。

然而,我们的问题仍未解决。为什么欧洲的海员没能看到东方成就的展示?为了开阔视野,我们需要再度回溯,看看在 1000 年的时间跨度内,东方和西方的领土和疆场上各自发生了什么。

维多利亚女王在海德公园为万国博览会揭幕时,一位中国海员被误认为是特使,加入贵宾行列,参加了开幕式。

第五章　战争与和平

时间：900—1900年
跨度：1000年
地点：欧洲—亚洲—北美

威尼斯军工厂内，刻有这样的一句话："居安思危，幸福乃驻。"

——《忧郁的解剖》（罗伯特·伯顿著，1621年）

一个大洲的战争与和平：本章范围，似乎比托尔斯泰的同名小说还广。但审视一下东西方人类生存和发展的异同，对我们找寻工业革命根源可能会提供一些重要线索。

回顾过去千年历史，在人类追求美好生活的进程中，战争显然是致命冲击。有些人不愿从道德角度看，他们更乐于强调战争所提供的机会，包括更充分的就业、更明显的消费增长、规模化生产以及技术进步。有些经济历史学家甚至认为，没有战争就没有人类的进步。

这种观点乍看有些荒诞不经，但不幸的是，本章所述大部分事实，

稻田插秧，一项辛苦而费力的劳动。

都是这一观点的佐证。战争是最激烈的竞争。战争对发明的需求，要比最残酷的资本主义社会里的市场需求来得更为迫切。如果哪个国家选择退出——就像中国退到长城以内——这可能会挽救几代年轻人的生命。但是，代价可能是技术落后。

西方先进的军事装备，使其得以横行于世界各地，同时对国内技术发展也产生了积极影响。甚至有人说，如果没有加农炮，就不可能发明出蒸汽机。此外，东西方各自发展的农业生产，彼此间存在着一个明显差别：东方种水稻，西方种谷物。炎热的太阳下，腰弯如弓的妇女，在水稻田里插秧；温顺的牛在犁地……二者代表着人类对劳动的不同态度，二者在现代社会形成的过程中，都发挥了重要作用。当东方以艰辛的体力劳动进行其"勤劳"革命的时候，西欧则走上了一条以机器替代人工的"工业"革命之路。

农事也好，战事也好，都属于需要投入巨大能量，并占有大多数现有劳动力的活动。二者都得益于效率的提高，当然把效率提高这一点与杀戮联系起来不免让人有些脊背发凉。哪个国家首先实现了从肉搏到使用杀伤武器的跨越，那它在战争中就会获胜；哪个农民使用效率最高的机器，那他就能避免饥馑。抽象一点说，效率的提高，把人从日常琐务中解放出来，从而可以有精力去思考那些我们现在看来很基本的问题。

如果有哪位经济预测师，在公元900年俯瞰全球的话，他肯定会把中国认作注定会获得最先成功的地方。曾有人这样估量，现代社会赖以生存的最基本的发明创造有半数以上来自中国。其中不仅是造纸（包括纸币）、印刷术和火药，还有指南针（开始时的指针是指南而不是指北）以及马镫和简陋的独轮车。当18世纪，玛丽·蒙塔古女士告诉她的英国朋友，土耳其"发现"了天花疫苗接种的办法时（参见第三章），她仅仅是在讲述一种在中国已经存在了800年的技术。

中国工匠在准备指南针用的钢丝。中国人在11世纪就能制作磁化罗盘针，这比欧洲早了6个世纪。

有这么好的技术条件，人们自然会问：为什么中国没有成为工业革命的发生地呢？历史学家克里斯托弗·卡伦讲道："为了回答这个问题，有人试图找出抑制或中止中国工业革命发生的因素，但今天的学者大多不承认这是个有效的问题。这就像问今天为什么没有独角兽一样。今天就是没有独角兽……中国就是没有发生工业革命。显而易见的是，一个国家不是说有些机械天才，有些技术发明就能发生工业革命。这些，中国都有很多。工业革命的发生一定是有赖于特定时间、特定地点和特别事件的非常偶然的组合。"

艾伦·麦克法兰对这个问题的探究，令他对日本和尼泊尔这两个国家的比较人类学产生了兴趣。日本虽然已是一个现代工业化国家，但在历史上大部分时间是处于中国的影响之下，工业革命的发生相对较晚。相比之下，尼泊尔人的生活，在过去1000余年的时间里，并没有多大变化。

本章后半部分，我们会看到，日本是怎样从一个幕府和武士统治的封建国家嬗变成世界上最重要的工业化强国之一的。现在，我们先把目光聚焦到尼泊尔农村地区。在那里，成年人的日子还是以艰辛的田间劳作为中心，还没用上任何农业机械。

麦克法兰第一次去尼泊尔是在1968年，作为一名人类学家，在一个叫作古隆的族群里，做了15个月的研究。此后，他又多次回到塔克村这个喜马拉雅山脚下的小村庄，对这个遥远的地方进行了独特的深入研究。他和妻子萨拉，在村子里还有了自己的房子，并且已被当地一家人"收养"。这种"收养"，并非单纯是对外国人的礼貌姿态，而是一种纽带，一种双方都有深切同感的纽带。当麦克法兰的"妹妹"迪玛雅刚刚42岁就去世的时候，他抛下自己在剑桥的教学任务，赶到塔克村，在悼念仪式上尽了一个兄长的职责。

对他来说，尼泊尔的迷人之处，在于这里是地球上少有的几个地方之一，可以体验到工业革命之前的日常生活。正如他在《为了和平的野蛮战争》(*The Savage Wars of Peace*)一书序言中写道："在这片山区，目睹当地人的健康问题、卫生措施、儿童病症、用水的困难、苍蝇、蛆虫、筋疲力尽的劳作、与大自然的抗争，等等，让我理解了历史上英国和日本都曾面对过的许多问题。这是仅凭书本或影视资料无法做到的。"

显然，塔克村与世隔绝的地理位置，是其传统生活得以保持的重要原因。村民是被困在了自己的住地。要想过上现代生活，唯一的办法是离开这里，不少年轻人就是这样。留下来的人，则要继续靠体力艰苦奋斗，以求生存。

"由于地形原因，现代社会的那些技术，在这儿用不上。"麦克法兰说道，"你用不了汽车，这里又没电，没自来水，没下水道。所以到这儿后，你至少要倒退 1000 年，恰好可以看看工业革命发生之前，世界会是什么样子。你看到的是，人们用他们的身体，用他们的背、他们的四肢，还有他们的牲畜和庄稼，在这崎岖不平的地方艰苦谋生。"

这里就连简陋的独轮车也看不到。这种运输工具，早在公元 1 世纪，中国就开始使用；但在亚洲的大部分地区，背驮肩扛仍是主要的运输方式。车轮在亚洲文化中早已有之——佛教里的法轮就是一例——但不是作为实用工具。看看塔克村的道路状况，看看稻田边上的羊肠小道，这点也就容易理解了。麦克法兰举了个例子：一位英国官员，看到印度人

艾伦·麦克法兰夫妇和"收养"他们的尼泊尔人一家。金盏花花环是友好和热情的传统标志。

头顶石头很是惊诧。他想"教化"当地人,就送给他们一些小独轮车。结果,第二天,他发现当地人开始头顶独轮车——石头也装在里面。

塔克村的村民,在山谷低处种水稻,在高处种欧洲谷物——这是这个地方吸引麦克法兰的另一个方面。在他看来,正是对这两种作物的不同需求,才导致了东西方不同的发展。

"水稻的产量比欧洲谷物的产量高,能够满足更多的人口需求,所以亚洲的人口密度大于欧洲。"他解释道。

麦克法兰还说:"其次,每株水稻都可以像对蔬菜那样去打理。而对小麦这样的谷物,你只是种上一大片,单株照料、单株浇水和除草没太大作用,所以并不需要太多劳力。水稻的劳动密集程度要高得多。每株水稻都要单独种植,之后还要不断除草,而且收割也不容易。因此,水稻种植要求有相当的人口密度,谷物则不然。"

偏远的塔克村,条件艰苦。在崎岖不平的土地上,村民们能种什么就种什么。

第五章　战争与和平

强健但迟缓的牛，代表着动物驯化的初级阶段。

　　水稻生长过程中，对劳力的要求，就像做米饭对水的要求一样高。不过一旦收割，其他就比较简单了，仅需去掉稻壳，加水煮熟，即可食用。因此，东亚大部分地区——除了中国北方的小麦带之外——水稻是主要的粮食作物。由于劳动力充足，机械化的动力反而不足，甚至连牲畜使用都有所减少。

　　欧洲没有奴隶和苦力，气候条件也不适合种水稻。此外，欧洲农民种植的大多数谷物，要经过另一道工序的处理才能可口，这就是碾磨。土地要平整，土壤要深耕，谷物收割后，还要把麦粒磨成面粉。这些劳作，迫使欧洲人去寻找替代手段。从开始时的牛耕到马拉犁铧；从铁制农具到水车风车，一直在改进。

　　通过对全球范围劳作模式的研究，麦克法兰得出一个让人不见得那么舒服的结论：西方人懒。西方人虽然没有蓄奴，但把牲畜用作奴隶。中国人首先驯化了马，但从没在大范围内使用。欧洲人学会用马后，给马加了眼罩，使其专心干活；还给马安上马掌，使其成为一种"动物机器"。

　　马和牛相比，速度更快，更能跑远路。这样，农民住的离农场远点也无妨。此外，农业革命使农村人口大幅减少，城市人口急剧增加。但在东方，大多数人仍要留在乡下，以满足农活所需。

农业上使用牲畜，除了那些显而易见的好处外，其所涉及的技术，也是工业革命的重要成因。蹄铁匠、锻工、车轮匠、樵夫……是这些人，走出了工业革命的第一步。给马钉马掌，在一个熟练蹄铁匠那里，会显得很简单；实际上，这是一项精确工程。计算上稍有失误，马蹄就会受伤，就像指甲刀剪到了指甲里的肉。

同样，在利用自然资源方面持续发挥作用的水车、风车，都要准确地组装那些钝齿和轮子。这与时钟制作有关，而时钟则是工业化的一个重要先导——这一点我们在第三章已经讲过。1086 年，英国国王颁发的土地志上，统计出 3000 个村镇里的 5624 架水车，几乎每个村子平均两架。这个时期的水车，主要有两项功能：磨面、洗衣（在漂洗方面，水轮驱动的木槌，取代了漂洗工的双脚）。到 12 世纪，这种水车又与更为复杂的风车结合了起来。

典型的英国景致下，马拉着犁铧在耕地。这种"动物机器"的使用，是由熟练工匠来支撑的。

"这些水车、风车的建造和维护，需要许多像样的工程师，他们要懂得机械原理，要会建造、会修理，还能想办法改进。"麦克法兰说，"因此，早在1000年前，一个以工程技术为基础、懂得利用自然并不断有所改进的社会，便已初具雏形。这样说来，我们概念中的发生于18世纪的工业革命，只是早在此前几百年就已开始的一个进程的最终结果。这个结果，让我们更深入地思考如何利用自然，如何在艰苦的环境下更好地生存。"

水车的早期使用者中，就有本笃会僧侣——我们在第三章已经谈及，他们的教规，就体现了节省人力的原则。这一原则，在其创始人圣本笃制定的"规则"中，是这样表述的："但凡条件允许，一切生活所需，诸如水、磨坊、花园及各种手艺，修道院要做到应有尽有。"

不过，总体而言，只有富裕的地主才负担得起建造磨坊所需的资本投入。在大多数乡村，富裕地主就是当地的庄园主，为建造新磨坊，他们会亲自提供木材，有时还亲自安排劳工。作为回报，他希望全体村民都用他的磨坊——即使他们有自己的手推石磨。有些地方甚至禁止使用手推石磨，或干脆砸掉。这样，庄园主就有了垄断地位，这对崭露头角的封建制度起着强化作用。当然，这也预示着资本主义制度的发展。

正如麦克法兰所说："由蒸汽驱动的早期厂房也叫磨坊，这并非偶然。"工业革命初期的工厂，经营原则都一样：垄断市场、集中生产并大量投资于机器设备。我们在第二章说过的理查德·阿克莱特，坚持以1000台为单位出售其棉纺机。他和早期的庄园主，可能分属不同的社会阶层，但是，他的经营原则，也是追求垄断，以求获得更大利润。

那在东方，磨坊为何没能发展起来呢？我们已经知道，问题不在于缺乏专业技术。早在公元1世纪，中国人就开始在鼓风炉上使用水力驱动的风箱，他们的链泵，能将水输送到15英尺高的地方（直到16世纪，欧洲才出现了按中国的设计仿制的链泵）。克里斯托弗·卡伦指出，佛教在中国传播的年代，也就是公元600—900年，佛家寺庙的水车，多到老百姓抱怨其阻塞河道的程度。所以中国人对利用水力不感兴趣的说法，纯属无稽之谈。

部分原因似乎是，中世纪的中国不需要磨坊。他们的农作物是以水稻为主，因此磨面的需求不大；他们造纸是用桑树而不是用破布，因此不需要纸浆厂；他们穿的主要是棉和麻，因此也不需要漂洗磨坊。磨坊的缺失，意味着在西方不断改进的传动装置和机械制造与东方擦肩而过。

中国历史上的谜团之一，是中国人对他们那曾经辉煌的技术成就似乎有种集体失忆症。最近几十年，在皇皇十五卷的《中国科技史》（Science and Civilization in China）作者李约瑟的启发下，一些学者开始研究这个问题。作为剑桥李约瑟研究所副所长，克里斯托弗·卡伦便是其中的一个积极分子。

中国技术真空的形成似乎有两个主要原因：一是其社会结构，二是其闭关锁国的状态。我们在上一章已经说过，在历史上的大部分时间，中国都认为自己是世界的中心，是"中部王国"。18世纪法国耶稣会传教士杜赫德（P. J. B. Du Halde）这样写道：

> 没有哪个国家，像中国这样，沉浸于自己想象的光环之中，沉迷在高于其他任何国家的信念之中。他们这种与生俱来的傲慢，使得这里的老老小小，对其他国家都不屑一顾。他们的大脑里，全是自己的国家、自己的风俗、自己的礼节和自己的信条，根本不相信中国之外还有什么好地方，也不相信除了本国的学者所推崇的道理之外，还有什么其他道理。不过，欧洲人来到之后，他们开始有所察觉；虽然一开始，他们还问欧洲有没有城镇，有没有住房。

当然，杜赫德的观点，是受他情绪影响的，因为中国人对他所宣扬的基督教并不买账。然而，就像克里斯托弗·卡伦说的，如果他们在外国人面前的确有优越感的话，这也是不无道理的。

"中国生产的许多商品，例如瓷器、丝绸和茶叶，其他国家都很羡慕，"卡伦说，"好多外国人不远千里，跑到中国去买这些东西，而且都是用现金。他们也只能用现金，因为对他们的任何物品，中国人都不感兴趣，尤其是那里的南方人。英国产的厚实的羊毛服装，冬天里很实用，可他们无动于衷。因此，虽然不少人跑到中国采购，但中国人从不会远渡重洋，把东西拿到海外去卖。"

朝廷甚至颁布法令，禁止建造可以航海的双桅船，从而使上述做法得到了进一步强化。

"15世纪，中国在航海方面取得了巨大成功，最远曾到过非洲；但明朝皇帝为什么在15世纪30年代后突然把这一活动叫停，至今仍是一个谜。"卡伦说，"可能是朝廷里的保守派认为，航海不是国家要务，农业才是。航海出国，到处闲逛，纯属浪费时间。那个时期的中国朝廷，还有另一个问题，那就是以小政府来统治大国家。任何超出控制范围的事物，任何过于复杂、政府难以插手的事物都会构成对国家的威胁。"

杜赫德还用了些篇幅，描述了皇帝的专横。在他看来，中国的皇权制度比其他任何君主国家都更专制。"皇权神授，至高无上；人们对皇上的尊敬，已经是一种崇拜。他的话，如同神谕一般；他的旨令，如同上天的命令，人人都无条件遵从。与皇上说话要跪着说，他亲哥哥也一样；皇上恩准的话，才能采用其他符合礼节的姿势。"

中国封建社会早期，官方也开展了若干重大项目；但后来，这些项目都成了保守因素。那些希望加入精英统治阶层的人，都要参加可怕的科举考试，平均考5天。他们应当准确地引经据典——为此，当局采取了数项措施，防止作弊和行贿。哪个考生回答哪个问题，要到最后一刻，向问题清单射上一箭，射中哪个就回答哪个。每个考生一个号，他们的答卷，随后由抄写员誊写出来，因此无法根据笔迹确定考生。

遴选程序也是由精英阶层决定。要想最后金榜题名，需经过一系列考试，其中仅准备第一项考试就得花6年时间。这一过程让那些无人资助或官府没人的农家子弟望而却步。同样，明朝时期，机械式学习和正统的表述也是榜上有名的基本途径。文章要遵从固定的格式、固定的组成部分，起承转合各有规定，有时连字数都有要求。除这些限制之外，加上主考官也出自这种制度，保障了前后一贯。

"参加科举考试的压力，当然是很大的。"卡伦说，"要是他们给你一

图中再现的是古代中国考生参加科举考试的情景。

篇文章的一部分，而这篇文章属于考试范围，那你就得记起全文。当然，这种考试也考验智力和应变。虽然乍看起来有些程式化，但这非常有助于选拔那些意志坚定、绝顶聪明和顺时应变的人。在选择文官方面，这也不失为一种好办法。我们别忘了，英国19世纪废除卖工作的做法，采用公务员考试制度之初，得到公职的办法，是看你的希腊语写作水平。参加考试的人，都在公立学校和大学里受过教育，他们对西方典籍的学习，可能和中国人对中文典籍的学习大同小异。因此，这两者之间并没有太大的区别。"

除了皇帝之外，中国真正的权力，是在经由科举考试遴选出的官员手中。通过考试当上官的，只是很小一部分。但是，尽管这样，很多有抱负的年轻人仍然一而再，再而三地参加考试，以求改变命运。中国没有世袭的贵族；但是只要在哪怕是最基本的科举考试中崭露头角，就可以进入上流社会。考生家人借此也可免予肉刑，而且可以接触到当地官员及其他要人，从而使其社会地位与经济地位有了保障。

19世纪法国政治作家、思想家阿历克西斯·德·托克维尔（Alexis de Tocqueville）对中国社会的这一现象鄙夷不屑。他在1840年出版的《论美国的民主》（Democracy in America）第二卷中这样写道："毋庸赘言，对公职的这种全民性的、不可遏制的追求是社会的一种不良习惯。它损害了每个公民的独立感；在全国范围，传播了一种腐化而奴性的风气。"

托克维尔相信，中国的官僚体制阻碍了创新。他说："中国人习惯走老路，常会忘记初衷。他们沿用父辈的办法，而不问为什么。他们使用工具，但不会去改进，也不会去更换。……他们走着祖先走过的路，担心稍有离经叛道，就会万劫不复。"

这些，加上无所不在的皇权，便是中国没能像欧洲那样发生科学革命的部分原因。如果皇帝对科学探索的某个方面感兴趣，情况就不一样；如果他不感兴趣，那就不会有什么变化。在欧洲，如果你的想法在一个国家行不通，那你可以换个国家。在中国，你无处可去。

但对这么简单的解释，克里斯托弗·卡伦不以为然。他说："中国不像18世纪末、19世纪初的英国那么富有创造性，如果说其原因在于帝制和高度中央集权的话，这未免过于粗疏。因为这样的话，就无法解释，为什么更早时候，在同样的制度下，中国那么具有创造力。因此，我们必须看看其他因素,我认为尤其需要看下,18世纪的英国有什么特定因素,发生了什么特定事情,而中国由于社会环境不同无从复制。"

关键因素之一,是中国缺少一个强有力的城市商业阶层,也就是资产阶级。欧洲的许多创新,都是这个阶层资助的结果。

"中国的官僚系统不大,但非常有效。"卡伦说,"整个体系从县官开始,一直到朝廷大臣,最后到皇帝。全国范围的信息上传和命令下达,都是通过这个体系进行的。除此之外的政治势力是不允许存在的。中国没有类似伦敦金融区那样的设置。除了皇权外,各城市没什么自己的权力。哪个城市都属于皇帝,因此没有某个城市公民的概念。这意味着,中国的城市商业阶层,不可能像许多欧洲国家的那样,具有那么大的影响。"

举例而言,伦敦金融区的商人就曾共同出资,资助航海和造船。

卡伦说:"他们清楚航海和造船技术的进步对他们的生意至关重要,

万能的皇帝:18世纪的这幅画描绘的是中国皇帝为一年的农活破土动工。

因此值得去做。而在中国，要是皇帝明确表示，他不想搞什么航海活动，而商人们仍凑在一起，琢磨怎么资助造船出海，那就很值得怀疑了。"

商人的社会地位，比官员要低得多；他们要想在政治事务中发声，唯一的办法，是家里有人通过了科举考试。

"作为商人，他们的本分就是生意和纳税，但要听从官府管辖，稍有不慎，资产就可能被没收。"卡伦说，"朝廷总是担心，会有人另立山头。用那么少的人，统治那么大的国家，谈何容易。因此，要是商人太有钱或过于独立，朝廷就会不时敲打他一下。这一做法在中国已延续2000年。"

显然，中国的社会状况下，维持现状最符合统治阶级的利益。企业家个人能施展的空间有限，而且因为劳力众多，所以工业化动力不足。不过，在很长时间内，中国人和欧洲人都没意识到，东西方的发展是何其不同。

"18世纪后半叶，亚当·斯密在他的书里，还说中国是世界上最富庶的国家，是有着悠久的农业传统的国家。"卡伦说，"我不敢说1800年之前怎样，但1800年之后，西方人做的事情，已经是中国人无法忽视的了。当然，在农田开垦方面，我无法肯定是架一台蒸汽机取水更经济，还是用中国传统的水车取水更经济。"

这把我们带入另一个话题：技术发展史。许多情况下，技术发展取决于原材料的情况。东方的工匠，在使用木、纸、竹等软质材料方面，都是大师级的。时至今日，一些中国的脚手架还是用竹子做的，而不是用金属做的。

竹子虽然长得可像树一样高，实际上是一种用途广泛的禾草。"西方人很难理解，竹子在日本和中国有多么重要。"艾伦·麦克法兰说，"竹子长得快，成林也快；容易砍，也容易成形；质地坚韧，可以弯曲成任何形状；无须打结，就可以系上绳线。竹子人人能用，而且不需要什么专门训练。因此，他们的社会就是一个以竹子为基础的社会。也就是说，你不必用铁，不必用石头作建材，你甚至可以不用木工。结果就是，欧洲人开发了木头、石头和铁，而日本和中国则开发了竹子这种神奇的材料。"

这是一条给中国和日本带来很大优势的捷径，但在另一方面，则是一条死胡同。几百年的时间内，工匠们制作的竹制品越来越繁复、越来越漂亮，出现了竹框、竹墙和竹制工具。但用竹子无法制作车轮、钝齿和车轴，而东方在这方面的欠缺，使其失去了技术发展的一个先导。

西方的工业革命，始于木与水，随后发展到煤和铁。但这并不是说，东方对煤和铁一无所知——远非如此。早在18世纪，杜赫德就声称，中国的大山下面，埋着无数的金银宝藏。但矿山开采，尤其是贵金属开采，有政治因素的干扰。他说道："中国的山蕴藏着各种金属矿，所以很有价值。中国人说，这些都是金山银山；但因为政治原因，一直未能开采。政府可能担心，一旦手里有了大量的金银，老百姓就会傲慢自大，无心农耕，公共生活秩序就会被打乱。"

中国既有煤矿，又有铁矿。早在公元前4世纪，中国就用烧煤的鼓风炉，冶炼出了铸铁。开始，这项技术被把控在投机商手里，他们因此赚了不少钱。但公元前119年，汉朝官方把铸铁制造收归国有，从而形成了官府垄断。跟欧洲情形相似，这里也有铁制农业器具、铁制容器。但最为突出的铁制品，则是公共场所展示的大型铁器，例如公元954年河北沧州建造的高达20英尺的大铁狮。

中世纪的欧洲，村子里最重要的人物之一就是铁匠。中国和日本情况则不同，因为那里的日常生活中很少用铁。没有马需要钉马掌，铁制农具也只是顶部用铁制作。甚至在19世纪的大部分时间内，金属都比较稀缺。日本现代化的重要人物之一福泽谕吉（本章后面会再谈到），1860年随日本第一个代表团访美时，对这点深有体会。在自传里，他这样写道："废铁似乎到处可见。垃圾堆里、海滩上到处都是旧油桶、饮料罐、断了的铁制工具。这引起了我们的注意，要知道，江户（东京旧称）火灾后会有成群的人，到灰烬里找铁钉。"

无独有偶，18世纪的经济学家亚当·斯密，在说明现代社会的本质时，选中的例子，便是一家钉子工厂。在苏格兰长大的他，亲眼看见了劳动分工在提高工人效率和敏捷度方面所发挥的重要作用。

一般来说，铁匠虽然习惯用锤，但并不习惯制钉；如果特定情况下需要做铁钉，我了解的情况是，他一天最多做200～300个，而且质量欠佳。习惯制钉但主业不是制钉的铁匠，每天充其量能做800～1000个。

我见过几个年龄不足 20 岁的男孩，他们除了制钉外没学过别的；如果发挥正常，他们每天能做 2300 个。

在东方国家，金属主要用于武器制造。日本最著名的例子可能要数武士佩剑，其制造被提升到了艺术化的水准。这里，人们看重的是工匠手艺，而不是制作效率。对佩剑者而言，其佩剑具有很强的精神价值——甚至其剑身的锻造和加工的过程都要经过宗教程序。将不同等级的钢重复不断地加热、锤打和塑形，随后不厌其烦地精细打磨，打造出的是一把柔韧而锋利无比的武器。每把剑的制造都要耗时数月；最后，还精心署上工匠的名字和制作日期。

一把武士剑，不仅是精心制作的锋利武器，也是武士阶层地位的象征。日本武士，当时是国家精英公职人员，是天皇斗士。其佩剑，可以世代相传；必要时，只需更换剑柄。甚至在第二次世界大战中，有些日本军官，还佩带了祖传的、有 400～500 年历史的佩剑。即使后来不再用剑作武器，这项工艺又延续了很长时间。几个世纪的时间内，虽然剑形和长度有所变化，但其功能始终如一。

日本人还是高超的弓箭手，善用经年竹篾或其他木头条制作长弓，所用辅料也都是天然材料，而且做好后还要上漆。制作精良的铠甲是其悠久传统之一，所用材料包括金属、皮革及其他材料。铠甲制好后，要花不少时间涂好几层的漆，这样表面才有较好的光洁度。

在日本军事科技史上，13 世纪之前，其军事技术一直在稳步发展，而且曾两度击退中国军队。中国有几种武器，包括弩和火箭弹，本来日本是可以学到的。与长弓相比，弩的优势在于不需要多大力气，就像今天的手枪一样好用。火箭弹所用火药，是此后武器发展的关键所在，但日本拒绝使用这一创新。这样做是冒着风险的。当时，他们使用的仍是传统兵器。身处岛国，他们觉得很安全；而且在随后的 300 年，是以处

日本武士铠甲。连接铠甲不同部位的丝绳，有其象征意义，例如红色和金黄色丝绳，一般代表贵族家庭。

理国内事务为主，对外交往很少，因此没有去改变现状的动力。

"日本是个整齐划一的国家，打仗就像体育比赛。"艾伦·麦克法兰说，"不同部族之间作战，用的都是传统武器。就像你跟朋友打板球，你不会把板球拍突然换成其他更好用的工具，因为人人都知道比赛规则，人人就得用同样的家伙。"

麦克法兰还说："而在欧洲，军事上相互竞争的各方，彼此离得都很近，因此要是意大利或西班牙突然发明了什么新式武器，那你就得赶紧学过来，否则可能会被灭掉。例如，火药传到欧洲后，仅用了二三十年的时间，就已得到普遍使用。所以，正是欧洲那激烈的军事对抗，带来了武器制造的快速发展。相比之下，日本要平和得多，仅仅是些本土赛事（即国内战争）。"

枪支是16世纪中叶，由一些跑到日本的葡萄牙人带去的，日本的工匠很快学会了制造。日本内战期间，枪支在国家统一过程中发挥了重要作用，但统一之后，全国开始禁枪。外国进口的任何东西——包括基督教——日本人都不信任，他们担心枪支会动摇社会的稳定。

"这样一个伟大的文明，宁愿选择禁枪这一退步的决定，据我所知，这可能是历史上绝无仅有的，"麦克法兰说，"这非同一般，但很说明问题，那就是，在现代社会，如果我们有决心，就能废除武器。"

禁枪同时，日本还展开了一系列搜缴刀剑的行动，旨在全面禁止武器，仅有武士阶层享有特权。他们把收缴上来的部分刀剑重新冶炼，在京都制作了一尊金属佛像，其余的则存放在国家武器库，以备不时之需。此后的250年，是一段与世

典型的日本武士像，表情凶恶。其腰带上是传统佩剑，长、短各一。

无争的时期，在日本历史上称为"大和平"。这当然有其有利的方面，但不可避免地导致了军事技术的退步。到 19 世纪，当欧洲人带着新式武器再度光临的时候，仍以刀剑和铠甲为装备的武士根本不是对手。军事技术代表着精确工程技术，日本在这方面的缺失，带来的不只是武器装备上的落后。

而这一时期，率先发明了火药的中国又怎样呢？在很多方面，他们和日本类似，只不过，给欧洲带来军事优势的许多发明都源自中国。

火药的发明，带有很大的讽刺意味：火药的发明者，不是那些想造出更厉害的武器的人，而是寻找长生不老药的炼丹师。火药的关键成分是硝石，也就是硝酸钾。在炎热的气候里，硝酸钾可以自然结成，但欧洲很少。1067 年，当征服者威廉依靠弓箭，取得了黑斯廷斯之战胜利的时候，中国的皇帝正在担心火药的危险性，随后禁止向外国人出售硝石和硫黄。

除了火药外，中国人很早就有了一大堆可怕的武器。早在公元前 4 世纪，中国就有了烟幕弹、毒药和催泪瓦斯；公元 10 世纪，又有了照明弹、炸弹、手榴弹和地雷。与我们的讨论最相关的，可能是中国早就发展起来的武器制造的工业化。中国士兵的标准武器曾经是弩。从留传下来的古代弩上刻的字来看，弩的不同部分，是由不同的人制作的，这说明当时已经有了劳动分工。武器生产由政府控制，到 1160 年，朝廷的武器制造部门，每年生产武器 300 万件以上。

而西方，唯一产业化生产武器的地方是威尼斯。威尼斯兵工厂建于 1104 年，后于 14～16 世纪不断扩大。到此参观的外国人，无不惊叹其规模和效率，而"arsenal"一词，也成为英语的单词之一，表示制造和存储武器的地方。这个词来自阿拉伯语的 darsina'a，意思是"产业房"，这倒名副其实。伟大的意大利诗人但丁创作《神曲（地狱篇）》的部分灵感，就来自于他在这里看到的盛着滚烫焦油的黑桶以及到处是杀人利器的地狱般的场景。

鼎盛时期，这家兵工厂雇佣着 16000 名工人，多为熟练的造船工，是以建造和改装战船为主的独立的工业城。战船零件全部批量生产，而且可以互换。整个厂子的布局，就像一个浮动的传送带。兵工厂有自己的组装线，线上的船体被拖着经过一系列窗口，不同的窗口分别负责把绳索、船帆、武器乃至饼干装到船上。

到 16 世纪后期，当威尼斯受到日益强大的奥斯曼帝国威胁的时候，这座兵工厂的运行效率达到了顶峰。年轻的法国国王亨利三世曾于 1574 年造访威尼斯，他目睹了兵工厂的高效。一天上午，他被带到兵工厂，去参观一艘轮船船底龙骨的安装；那天晚宴后，他又应邀来兵工厂，参观同一艘船的下水仪式。此时的这艘船已经装备完毕，随时可以出发。

今天来这里参观的人，还可以看到兵工厂那高高的、顶部呈锯齿状的围墙，以及那庄严的大门，大门两侧是从雅典附近的比雷埃夫斯抢来的石狮。但在这宏伟的前门后面，曾经的生产场景并没留下什么痕迹。与威尼斯众多其他建筑一样，兵工厂仅仅提示着往日的辉煌。就像罗斯金（John Ruskin）在《威尼斯之石》（*The Stones of Venice*，1853 年）中所描述的那样，城市的大部分，不过是"海面上的一个精灵，缥缈而又悄然无声，除了精灵的外形外，一无所有。她在潟湖上的投影，与城市

17 世纪早期欧洲版画《火药的发明及第一架青铜加农炮的锻造》。此前数个世纪，中国即已开始使用火药。

威尼斯兵工厂，一座装备了高效生产线的"城中之城"。16世纪风格的雉堞塔，表明这个地方是军事用地；画面左侧的石狮，则是件战利品。

的投影间杂一处，让人分不清哪是城市，哪是她的幻影。"

随着通往美洲和远东的贸易航线的开辟，威尼斯，这个曾经的海上霸主，陷入了衰退。海上势力开始转移到欧洲那些通往美洲的港口，例如阿姆斯特丹、里斯本和伦敦。从军事上看，尽管土耳其人在1571年的勒班陀之战中惨败，但威尼斯人也被打得够呛。在这场战役中，土耳其人损失了200条船，包括船上的大炮和弹药，以及30000名士兵——但仅仅过了7个月，他们就恢复了原来的实力，又派出战船舰队，西征作战。更可怕的是，他们还学会了威尼斯人的"秘密武器"——三桅帆船。这种船，看起来像商用补给船，但实际上是装备精良的战舰。

结果，威尼斯人的胜利转而导致了他们的失败——这个故事，在漫长而血腥的欧洲战争史上，一直被重复来、重复去。在长期竞争的环境下，谁都会时刻留心他人的创意。他们来了，他们看到了——他们去仿造了。

像威尼斯人一样，中国人武器生产工业化的基础也很好。早在13世纪，中国就出现了枪支，他们造出铸铁加农炮的时候，欧洲人还没学会生产铸铁。历史的一个神话是，中国人是爱好和平的民族，对自己发明的火药，他们所关注的，只是用来造鞭炮。事实并非如此。从很早时候，中国人就能大批生产武器，并且也愿意使用这些武器。

不过，与日本一样，由于国家相对稳定，中国错过了枪炮制造发展的关键阶段。从1300到1800年，欧洲不间断的战事，在武器的弹药装载、准确性及射程方面都带来了快速的进展。在这段时期，日本仍在某种程度上享受着海洋的保护，但中国人何以能够保持如此超脱呢？

中国逐步远离其他各国的最明显的标志是明朝（1368—1644年）期间对长城的加固。不过，这道长城仅能提供有限的保护。它可能在陆上挡住了装备很差的野蛮人，但却无法保护中国那脆弱的海岸线。在这方面，中国的海上防御不仅没有加强，反而有所后退。曾经雄心勃勃的航海活动停止了，海军人数削减了，船只只能驶向内地，行驶在大运河这样的水域。西方船只只能在指定的地方跟当地人进行贸易，而且在港口停泊时，要临时撤下船上的枪炮。

就像鸵鸟把头埋到沙子里会受到攻击一样，中国对外国军事实力的忽视，使其付出了沉重的代价。中国的船只，虽然有高高的阁楼，但船体没有可以安放枪炮的地方，只适合于传统的冲撞式海战。这和西方的坚船利炮无法抗衡——在1839—1842年的鸦片战争期间，中国为此付出了沉重的代价。

鸦片战争是英国和中国之间贸易摩擦激化的结果。为得到更大的贸

卡纳莱托（Canaletto）这幅《威尼斯耶稣升天节庆典》（Ascension Day celebrations in Venice）体现了鼎盛时期的威尼斯。画面中央的金红色驳船，正准备接上总督，驶过潟湖，去参加象征威尼斯海上霸主地位的庆典。

易自由，英国通过外交渠道进行了努力，但中国对此不感兴趣。不过，尽管皇帝已经明白无误地说过，英国没什么他用得着的东西，老百姓却不这么看。虽然朝廷先是禁止进口鸦片，继而禁止吸食鸦片，英国的东印度公司，还是慢慢做起了利润丰厚的鸦片生意。

在一次取缔鸦片贸易的行动中，中国烧掉了20000箱的鸦片，把350名外国商人关到了他们的厂子里，战争就此爆发。英国政府封锁了中国的港口，要求中国补偿。拖拖拉拉的谈判失败后，一支由25艘战船组成的舰队，沿长江而上，占领了战略要地。面对英国强大的火力，中国被迫签署了一系列条约，其中包括把香港租借给英国作贸易基地。整个过程最大的讽刺之处在于中国败给了本来是自己发明的武器。

抛开战败的耻辱不说，中国所要面对的是其军事装备没能发展所带来的、更为深远的影响。我们都知道，工业革命早期，蒸汽机发挥了重要作用；而在蒸汽机的开发中，战争技术功不可没，这一点，知道的人就没那么多了。

我们可以把加农炮看做是每次做一下功的发动机，以火药作燃料，以炮弹为活塞，以炮体本身作气缸。无论是加农炮，还是蒸汽机，制造过程中的关键一环都是气缸的密封。所以当英国著名的制铁专家约翰·威尔金森（John Wilkinson）率先发明出在炮筒里钻出完美的圆柱体通道的办法时，他也为蒸汽机制造迈出了关键的一步。这种精确钻磨，与日常生活中的制表技术和酿酒技术相结合，才成就了蒸汽机（这一意外组合，在第一章中有所述及）。

"火箭号"在利物浦和曼彻斯特之间开通后，带来了日新月异的变化。不到10年，"火箭号"就过时了。在一代人的时间内，精确工程技术改变了工业的方方面面——而随着机器革命向北美的传播，美国这个新兴国家悄悄地占据了本属于英国的领先地位。

这方面的一个例子，是缝纫机的故事。虽然英国人发明了纺织机器，而缝纫的机器化则是美国人完成的。其中的关键技术是连锁缝，由伊莱亚斯·豪（Elias Howe）于1846年发明并获得专利。其方法是在机器上使用双线，而不是单纯模仿人的缝制动作。不过，提起缝纫机，多数人想到的是艾萨克·辛格（Isaac Merit Singer）。他的改进版缝纫机于1851年获得专利，那年恰好在举办万国博览会。在精巧的技术和成功的营销两个方面的共同作用下,到 1870 年,美国缝纫机的年产量达 50 万台。

辛格缝纫机为人们所称道,不仅在于机器本身,而且这还是第一种批量生产的大众耐用品。如果出了问题,仍需修理工来处理——不过,这很快就发生了改观,因为美国人做出了另一项突破:可替换零部件。

乔尔·莫可尔,我们的历史学家之一,这样解释道:"今天,要是你的车子出了问题,例如坏了个火花塞,你不会拿去修,你会把它卸下来扔掉,另换一个。你知道新换的火花塞跟你扔掉的那个完全一样,只不过旧的坏了,而新的是好的。我们今天使用的所有机器零件,几乎都能做到这点。而这点还是跟武器生产有关,因为率先做到零件可换,就是在枪支制造领域。这出现在美国这样一个自由持枪的国家,倒也没什么奇怪的。"

在规模生产的技术发展方面,美国超出英国不少,这在 1851 年万国博览会的手枪展览上可见一斑。英国枪支生产商罗伯特·亚当斯(Robert Adams)展出的是手工制造的枪型,由技工用一个个铁块锻造而

中国的长城,其保护作用,可能仅限于表面;但其诗意的形象,却是艺术家喜欢的题材。

1792年，中国人对来自英国的第一个外交使团的冷淡态度，在詹姆斯·吉尔雷的这幅讽刺漫画中暴露无遗。大使麦卡特尼勋爵半蹲在前，后面是毕恭毕敬的使团成员，其中还有人在行叩头礼。乾隆皇帝的注意力，更多是在吐烟圈。

成。美国的枪支生产商塞缪尔·科耳特（Samuel Colt）展出的则是一大批用机器生产的零件组装而成的枪支。这些枪支的生产，不需要工人有多高的技术，他们只需在几个技工的监督下，看管一下机器。

"英国人当时以为自己是'世界车间'，不过，让他们沮丧的是，他们发现那帮美国佬居然能干他们还干不来的事情。"莫可尔说，"尤其是生产那些简单而精确的机器工具，而这当然是零件互换得以发展的支柱。像塞缪尔·科耳特这样的人，是没本事把那些零件做得比英国人还精确、比英国人误差还小的，而他居然能以他的方式、用他的造价，造出那么多枪支，而且有那样好的质量，这简直不可想象。"

塞缪尔·科耳特做到了让人们提到手枪就想起他，其成功的因素，也归功于巧妙的营销和好的运气。1846年的墨西哥战争，给他带来了1000支左轮手枪的政府订单，没出6年，他就在新英格兰地区和康涅狄格州分别开设了工厂,具备年产5000支手枪的能力。1862年去世的时候,他已经卖出了将近50万支武器,挣到了相当于今天3亿美元的钱财。

在技术工人欠缺的美国,批量生产是个很有吸引力的招牌。这有赖于部分工程师的聪明才智,正是他们造出了一系列能够满足精确度要求的机器工具。一旦组装线上装备了合适的工具,日常生产就变得相对简单。当时的社会环境也很有利。这是一个新兴的、讲求平等的社会,这里的消费者,并不在乎邻居和自己买了一模一样的产品。

"如果你想穿定做的衣服,想用定制的猎枪,只是你有而别人没有,那规模生产不适合你。"莫可尔说,"但在19世纪的美国,只要产品好用,只要相对便宜而且便于维修,美国人就愿意买。"

随着国内经济的繁荣,美国总统们开始考虑,怎样让美国成为一个让其他国家不敢小觑的强国。从地理位置看,有个现成的目标——日本。日本和西方之间联系很少,只有几个荷兰人,经日本方面许可,在长崎附近的一个岛上做过生意。在第四章里,我们已经讲过,日本幕府将军执行的是一种旨在限制西方影响的政策。

不过,日本对鸦片战争期间西方向中国显示的军事力量日益警惕。当一支美国舰队驶入日本海的时候,其传达的信息是明确的:结束隔绝状态,开放和西方的贸易。有了中国的教训,幕府将军们认识到,他们并没有什么选择余地。1854年,他们和美国、英国、法国、俄国及荷兰签署了条约。

此前,日本一直是将中国作为重要思想的来源地;而现在,他们认识到,

辛格公司的广告,重在强调其缝纫机是多么容易操作。这一点,随着可替换零部件的出现,得到了进一步强化。

中国已不再是地球上最显要的国家。日本人开始如饥似渴地学习西方思想，找出自己的缺欠。这种情况下，老将军们失去影响可能是不可避免的。1867年，最后一个幕府将军辞职，新政权开始执政。

明治政府是保守的，它保留着一个高高在上的天皇；同时也是激进的，它废除了封建制度以及旧的等级制度。武士阶层失去了他们长期以来的特权，但在新政府、新生意场以及现代化的陆军和海军中，找到了自己的位置。在新政权执政的前5年，兵役制、首条铁路、格列高利历法、教育部甚至报纸，都纷纷出现。到20世纪初，日本已经进行了大规模的社会和工业革新。

这是1853年纽约举行的一场展览中的一景。类似的戏剧性展示，使科耳特公司生产的枪支得到了大众的青睐。

日本的变革为什么会发生得如此之快呢？为回答这个问题，艾伦·麦克法兰一直在研究一个人物：福泽谕吉。他的肖像今天仍印在1万日元面值的纸币上——对这位帮助日本了解了西方成就的人物，这份致礼恰如其分。

福泽谕吉于1835年生于大板，那时的大板是日本最繁华的城市。他父亲是个层级较低的武士，在他1岁半时就去世了，全家不得已回到了母亲在中津乡下的老家。作为一个年轻武士，福泽谕吉本该接受正规教育，学习书法、剑术等"基本课程"，而且应当树立"手工劳动与我无关"的信条。但由于早早离开了大板，他错过了这些——这虽看似损失，但麦克法兰认为有其潜在价值。

"早期的穷武士生活，对福泽谕吉性格的形成很有帮助。"麦克法兰教授说，"他不仅有非同寻常的身体训练，例如舂米、伐木，而且低下的地位，养成他自给自足的精神。贫穷而孤傲的他，把自己锻炼成了一个讲求实效、多才多艺的工匠，一个日本版的富兰克林。这对他后来学习西方科学技术非常有用。"

在自传里，福泽谕吉讲述了他小时候是多么憎恨封建制度的不公和伪善，他认为这就是他父亲的死因。可能是因为在住的地方，他们一家被看作外来人，他对那些在他看来毫无用途的繁文缛节，越来越不屑一顾。武士不应拿钱，不应上街给自己买东西，否则有辱武士名节——哪怕他们雇不起佣人也不行。福泽谕吉鄙视这些可笑的做法，有事需要外出时，他从不按武士要求以毛巾包脸，也从不遵从天黑后不出门的惯例。

他哥哥曾问他，长大后想成为什么样的人，他回答说，要成为日本最有钱的人，而且想怎么花就怎么花。这与武士传统上效忠家庭和师傅的做法大相径庭。福泽谕吉质疑一切，包括这种效忠。十二三岁的时候，他无意中踩上了载有祖先名字的家谱。哥哥责备了他一通，他虽表示道歉，但心里愤愤不平。

随后，我孩子气地想，要是踩上某个人的名字就这么严重，那万一踩上某位神灵的名字，后果不就更严重了。我想试试。

我偷了张咒符，就是薄薄的一张纸条，上面写有神灵的名字。咒符好多家都有，是用来辟邪的。没人的时候，我故意踩在上面，但这位神灵并没有报复。

"那好，"我心想，"那我再试试，要是把咒符放到最糟糕的地方会怎样。"我拿着咒符去了厕所，把咒符跟脏东西放到了一起。这次我有点害怕，觉得自己做得有些过分，但什么也没发生。

"我想得没错，"我对自己说，"哥哥有什么道理责备我？"我觉得这是个重大发现！但我不能跟任何人说，妈妈也好，姐妹也好，都不能说。

福泽谕吉的父亲原想让他做个僧侣，因为这是避开严格的社会等级的一个办法。虽然福泽谕吉很想接受教育，但父亲的这个办法，对这个年轻的怀疑论者而言并没什么吸引力。十四五岁的时候，他开始上学；不过，在美国军舰出现在日本沿海后，他才交上好运。忽然之间，日本迫切需要学荷兰语的人——包括学习从左到右的书写方式——目的是让日本赶上西方的军事发展。机会一到，福泽谕吉马上决定去长崎学习。

1862年访问俄国圣彼得堡期间的福泽谕吉，一身的日本武士装束。这幅画现存庆应大学，是他亲自创办的一所大学。

他这样说："学外语也好，学军事或其他什么也好，只要能让我离开，我都乐意。……我还记得，我当时对自己发誓，要像射出去的子弹那样再不回头。对我来说，那是快乐的一天。快要走出镇子的时候，我转过身，吐了口唾沫，然后大步上路了。"

不到一年，他就离开了长崎，来到了大板的一所学校。对那些想学习西方科学技术的年轻人而言，这所学校有着磁石般的吸引力。

"为了能够学习物理学、生物学和化学，他们开始学习荷兰语，希望能弥补过去200余年之间，与西方在知识方面的差距，"麦克法兰说，"他记下了当时夜以继日用功的情形。他常常带个枕头，困了就睡在课桌上，醒了就接着学。"

这所学校的问题是仅有一本大字典

和十几本书。一次，校长设法从前来参观的一位贵族那里借到了一本物理书。这本书有1000多页，刚从英语翻译成荷兰语。学生们都想好好拜读一下，不过全抄下来显然不大现实，于是他们转而开始主攻最后一章，是专讲法拉第和电的，有300多页。他们不分白天黑夜地誊写直至完成：一组学生削笔，另一组制墨，第三组抄。后来，这所学校毕业的人，以其对电的丰富知识而闻名全国。

1858年，福泽谕吉去了东京，这时他才意识到，那本宝书从英语到荷兰语的转换，对他到底有什么样的影响。一次横滨之行，给了他不小震动。"过去几年，我一直在拼命学习荷兰语，而且相信自己已经是全日本学得最好的之一。而现在，面对前来做生意的外国商人，我竟连他们的标志都看不懂。这对我打击不小，不过我知道，没时间垂头丧气。"他曾说道。

下了几年工夫，结果学的语言不对，但这并没难住他。他开始自学英语，这使他后来成为少数能讲两种语言的日本人之一。他应邀参加了日本派往美国的第一个代表团，随后又参加了派往欧洲的代表团，并经官方安排，参观了那里的相关建筑和机构。在英国，他到访了纽卡斯尔煤田、国会两院、水晶宫、伍利治兵工厂以及伦敦动物园。

回到国内，他不仅开始复制他访问过的那些机构，甚至还要把那些机构背后的精神移植过来。看到伦敦各种俱乐部所提供的社交机会，他在东京开办了时至今日依然活跃的交询社俱乐部（对俱乐部在思想交流方面发挥的重要作用，这应当算是一份致礼。参见第二章）。他开设了一所高中，后来这所学校发展成日本第一所大学，庆应大学。他还参与建立起一支现代警察队伍，开办了日本最早的一家西方式银行，并经营了一家名为《时事新报》（*Jiji Shimpo*）的报社。

他意识到日本人在公共演讲方面的拘谨有碍发展，于是专门就此写了一本书，并开办了一座"公共演讲堂"，专供人们练习。1875年开办的这个场所，内饰仿照了新英格兰的一家教堂。直到今天，日本人在公共场合讲话，依然习惯性地拘谨，尤其是需要辩论或表达不同意见的时候。而福泽谕吉将辩论视为西方民主的一个重要组成部分。

福泽谕吉很有眼光。他对工业社会的运作，比大多数西方人看得都更清楚。工业社会不仅有出色的工程技术，不仅有发达的科学，也不仅有明智的投资，虽然这些都很重要，但同样关键的是创意和资本之间的结合，是自由竞争和信息共享，是企业家的拼搏精神，无论他们背景如何。

刚刚步入 19 世纪的日本还非常落后，甚至连车轮都不用。此前，这个国家在其历史中的大部分时间，是生存在中国的影子里，然而，到了 20 世纪，日本成功地实现了工业化，甚至在战争中击败了曾经强大的近邻。像福泽谕吉这样有影响力的人物当然功不可没，但某些社会因素也同样重要。对此，克里斯托弗·卡伦做了以下说明：

"在很多方面，日本都不同于中国。首先，他们习惯于从外部世界把东西借用过来，他们的文化很大程度上来自于中国。其次，1868 年的明治维新期间，过去曾经享有特权的武士阶层，认识到他们应当向西方学习，应当废除特权。而在 19 世纪的中国，如果开展大规模的现代化，官僚阶层将会失去很多，而所获有限。因此，出于自身利益考虑，他们没有选择日本武士阶层所选择的道路。"

自身利益似乎是本章主题。我们已经看到，武器生产技术那些预料之外的衍生品已发展成为国家利益的捍卫者。在相对和平的农业生产中，我们也已看到，农民是怎样利用牲畜和机器以节省自己的力气。机械化给少数人享受悠闲生活创造了条件——但在许多国家，悠闲生活仍是一

日本交询社门口的牌匾。

个遥远的梦。

　　欧洲和亚洲的盛衰可以用跨度1000年的图标注出来——但我们的故事，还有好多地区没有涉及。其他大陆的际遇——南美、北美、非洲和澳洲——只有把时间框架扩大到10000年，才好说明白。在这样的时间跨度内，地理、生态和生物方面的因素对地球的哪一部分率先实现工业化有着意义深远的影响。这样的视角是全球性的：从岩洞壁画到大众传播，从游牧民族到麦当劳店里想要购买汉堡包的排队人群。

第六章　动物庄园

时间：公元前 8000— 公元 2000 年 跨度：10000 年 地点：全球

所有的动物都平等，但有些动物比其他动物更平等。

——《动物庄园》（乔治·奥威尔著，1945）

在10000年的时间跨度内寻找工业革命之根看来可能有悖常理。游牧生活的结束和范妮·肯布尔乘坐"火箭号"有什么联系呢？回答是，当游牧民族定居下来，开始播种作物、驯化动物的时候，便产生了资本主义的种子。人类历史的绝大部分时间都是处于游牧生活方式。那时，我们三五成群，狩猎采摘，与自然和睦相处。这种田园牧歌式的生活，就像《圣经》里所说的伊甸园。

而从伊甸园被逐出，则被看作是对游牧生活的深层记忆。不过，定居之初的农工劳作，对改善的生活质量并没什么帮助。我们的食物种类少了，劳作时间长了。我们比过去更辛苦，压力更大，疾病也更多。对动物的驯化，同时也驯化了我们自己。我们不再平等，有些人比别人更平等。奴役他人、贪婪、争斗，这些成了新的生活方式的附属品。

为了满足自身需求，人类改造自然的能力不断提高。我们改良动植物品种，开发矿物燃料，以满足越来越多的人口需求。在20世纪，这一进程飞速发展，好像我们很快就能控制自身的进化。在这10000

石刻上的狩猎者形象。

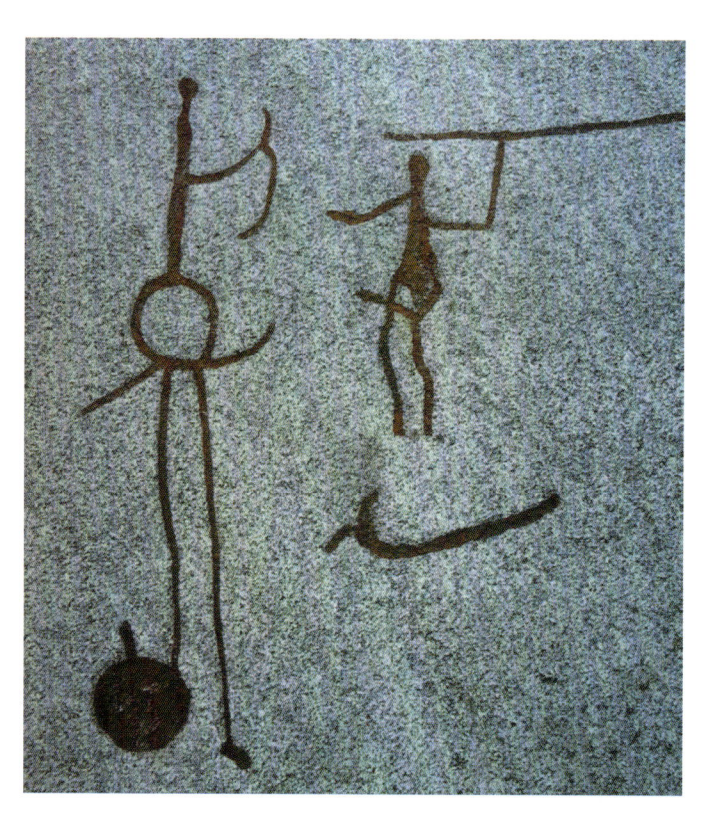

年改造自然的过程中，我们从驯化动物走到了今天的大众消费宠儿麦当劳。始于西方的这一生活方式和生活态度，现在已蔓延全球。

在芝加哥郊外的德斯普兰斯，我们的历史学家乔尔·莫可尔，造访了一家小餐馆。这家餐馆是快餐大王雷·克劳克的圣地，他据此创办了麦当劳。餐馆里没有任何食物。无论是服务员，还是薯条或汉堡都是塑料做的。这是世界上第一家麦当劳餐厅，克劳克关于快餐的构思在这里得以固化。今天，麦当劳遍及全球117个国家，每天的顾客达3200万人次。即使是以牛为神的印度，也在麦当劳承诺用羊肉做汉堡后，为其开了绿灯。自从第一家麦当劳餐厅于1955年开业后，快餐变得越来越快。在莫可尔看来，这后面有更深的背景。

"技术进步的本质，是打乱与自然的和睦相处，"他解释道，"而且我们得寸进尺。这就是西方所采取的方式。"那些按照这种方式做的人都成了富人，其他人则不然。莫可尔还说："如果你想与自然保持和谐，你可能会幸福，但不会富裕。如果你想富裕，那就得像西方人那样不断去干扰自然，不断造成生态失衡，这就是代价。但这是我们情愿付出

快餐时代的里程碑——第一家麦当劳餐厅。

的代价，而且今天还在照付。看看过去10000年人类走过的道路，我们从小股小股的游牧人群，发展到今天到麦当劳餐厅就餐的大批大批的人，这是进步吗？这是向好的方向发展吗？我想我们不见得同意这种说法。"

迄今为止，本书已经探讨了，工业革命为什么首先在欧洲一个无人看好的角落发生，并随后扩展到欧洲大陆、北美以及其他地区的原因。但还有另外更重要也更基本的问题：为什么欧洲和亚洲的发展比其他大陆快得多？为什么首先有了人类的非洲没能成为现代化的诞生地？为什么没能出现一个强大的非洲帝国，使欧洲各国沦为其殖民地？为什么美洲、澳洲和非洲的原住民都成了西方文化的牺牲品？今天，秘鲁的主要语言是西班牙语。南美洲已经不讲印加语，更不用说西班牙。纵观近代史，世界的统治者是欧洲和亚洲，为什么？

回答这些问题，要从狩猎者向农民的转化中寻找答案。农业的出现，可能是个渐进的过程，始于游牧部落回到撒过种子的地方，收获他们喜欢的作物。开始阶段，这更像是在侍弄花草而不是耕种。但随后，发生了生态危机：10000年前，欧亚大陆的一些地方，大型动物和食用植物越来越少，人们的生存受到了威胁。这样，零散的种植已无法满足日益增长的人口需求，人们于是开始改变种植方式，也开始改变自然。

根据考古学的发现，我们知道最早的谷物种植和最早的绵羊饲养，都是发生在从约旦延伸至伊拉克的一个弧形地带，这片地方后来被人们称为肥沃新月地。其后的几千年内，中国的部分地区、印度以及地中海地区也都开始了种植和饲养。人类一旦适应了这种生活方式，便没有回头路。这对人与人之间的关系影响很大。有的农民比其他农民更有收获，有的家庭比其他家庭孩子更多，有些人比另一些人更为重要，人们发现一天天走向一个等级分化的社会。一旦有了粮食储备，少数人便被解放出来，从事制陶、纺织等活动。慢慢地，他们的技能提高了，想法也变了。又过了几千年，早期的村落和城镇开始出现。食品过剩催生出市场，市场带来了贸易，很快，社会形态也复杂起来。大致过程不难把握，但经济和社会丰富的多样性，就不那么容易解释了。

产生这些差异的基本原因是什么呢？一个地方能够养活的人口数目会影响到他们的生存策略。如果一个地区人口稀少，但野生动物成群，那么对这里的人而言，种植作物的动力就比较小。撒哈拉以南的非洲地区就是这样,那里继续保持着游牧状态。不过,如果生态突变,生成了一片肥沃的河谷,周围则是无尽的沙漠,那么,人们就不得不在这有限的狩猎区域定居下来。为了生存,他们开始播种,开始驯化动物,以控制所处的环境。

在《动物庄园》一书中,乔治·奥威尔创造了一个统治欲极强的头目形象,这是一头叫作拿破仑的猪,它总想奴役其他动物。这样的故事,在数千年前人类开始建立定居点的时候,可能屡见不鲜。如果非洲或澳大利亚的丛林里,出现了一位拿破仑似的人物,而他的同伴不愿定居下来受他支配,他们可以在夜里跑掉。设想一下,同样的事情,如果发生在底格里斯河或幼发拉底河河谷,河谷的一面是沙漠,另一面是群山,那从肥沃新月地是无处可逃的。如果逃跑,他们只有死路一条。而去饲养动物的话,则要好得多。

历史学家艾伦·麦克法兰的房子位于尼泊尔的一个叫作塔克的村子里,村南头有个牛棚,关着几头水牛。如果想研究驯化了的动物在社会进化过程中的作用,这是个不错的地方。对人类和动物的关系,麦克法兰有着与众不同的看法。在他看来,人类是可悲的、有诸多局限的动物。他们既没有利爪和毛皮,又没有利齿和羽翼。他们跑得不太快,视觉、嗅觉和听觉也都一般。不过,他们的确有个强项,那就是大脑,而且通过使用工具已经在这世界上站稳了脚跟。麦克法兰同意"工具是人体的延伸"这一说法,但他概念中的工具,也包括动物。动物不仅仅干些拉犁拉车的活,而且还是食物处理的工具。

从乌尔皇家的这块"和平"匾中,可以看出公元前3世纪,美索不达米亚地区所驯化的动物种类。这块匾是从乌尔(现伊拉克)一个被盗过的皇家墓穴中发掘出来的,现存大英博物馆。

对此他解释道，给牛棚里的水牛喂草，水牛就成为人的胃的延伸。如果人吃同样的草，那很快就会消化不良。我们的胃消化不了纤维素，而水牛凭借强大的肠道系统，能把饲料转化为人类可以利用的四样物质：水牛存活期间的牛奶和牛粪，死了之后的牛肉和牛皮。这个例子说明，人类是将动物用作机器，把山脚下和树林里的东西转化成了对全村人和村边的稻田都有用的物质。

从经济学角度看动物驯化，问题就会复杂起来。对这些活"工具"，我们的投入可能大于其产出。我们早期从事农耕的祖先，慢慢学会了有选择地饲养动物，以满足他们的不同需要，例如搬运、耕地，以及提供食品。即使动物死了，兽皮也可以用来制衣、制鞋。对人类最有用的动物一直是大型哺乳动物，其中第一批驯化的包括绵羊、山羊和猪，随后是奶牛、马、毛驴和水牛。这里最不好回答的问题之一是，这些动物的驯化，为何只发生在世界上的某些地区，而在其他地区则未出现。在近东，在中国，动物饲养很普遍；而在撒哈拉以南的非洲，在美洲及澳大利亚，游牧民族延续着他们的游牧生活，农耕十分有限。在欧洲和亚洲之外，被驯化的动物，只有南美的骆驼和羊驼。这是为什么呢？是人的因素，动物的因素，还是环境的因素？

答案可能是三者兼具。我们已经说过，地形、气候和不断增加的人口密度，会迫使游牧民族定居下来。但可供驯化的动物种类，可能也产生了一定影响。

假设 10000 年前，有人去做全球动物普查，那么肯定会发现，动物的分布密度和种类是因地而异的。非洲和欧亚大陆动物种类最多；美洲和澳大利亚的大型哺乳动物则要少许多。一种可能是，急剧的气候变化，导致了大型动物的群体性灭绝。另一种解释是，12000～50000 年前，人类驾临这几块大陆时，这些一直是独立进化的动物，慢慢被赶尽杀绝。

与此形成对比的是，在撒哈拉以南的非洲，数百万年以来，动物一直是和人类共同进化的。随着人类捕猎水平的提高，那些跑得更快、躲藏得更为隐蔽的动物逐渐占据了主导地位。所以非洲的动物对人类的警惕性可能更高；而在澳大利亚，两条腿的捕食者来得太晚，许多动物的生存技能没来得及进化。这里的许多大型动物消失后，人类的生存余地也并不大。澳洲的生态环境，不大适合相对集中的农耕，土著人于是靠狩猎小型有袋动物为生。同时，他们采摘水果、坚果，偶尔也会烧荒种菜，但是定居点很少，也没什么动物可供驯化。

在撒哈拉以南的平原地带，活跃着大象、长颈鹿、斑马、犀牛等 50 余种大型哺乳动物。在欧亚大陆，种类还要更多，达 70 余种。这是动物最多的两个大陆，在其中之一，动物被大量驯化；而在另一个，则保持着野生状态。

从遗传学角度看，斑马和马属于近亲。马在中亚找到了自己的家，斑马则把家安在了非洲。非洲没有马，但为什么马的近亲斑马没被驯化呢？一种解释是，不同的动物分别适应了两个大陆不同的生态环境，其适合驯化的程度各不相同。被驯化的动物，是要具备若干条件的：吃得快，长得快，圈养情况下繁殖也快，而且对人不反感。最后一点，可能斑马没做到。曾经有人尝试让斑马拉车，不过没能成功。动物园的管理员都知道斑马年龄越大，脾气就越坏。而且，它一旦咬上什么，就不松口。

因此，在北美、澳大利亚和撒哈拉以南的非洲家养动物很少的原因，一方面是被人类灭绝，另一方面则是遗传适应性。数千年后，家养动物到了这些地方，也往往很快就被豢养。西非的班图人有了牛羊后，与其他游牧部落相比，有了明显的优势。在随后的 1000 年里，他们逐渐

早期人类从非洲向世界各地的迁徙。

占据了撒哈拉以南的大部分地区。与此相类似的是，北美地区开始没有马，但大平原地带的印第安人，从欧洲殖民者那里弄到马之后，很快变成了优秀的牧人，并进而成为技艺高超的骑兵。以上事例表明，在这几块大陆上，动物的驯化并非取决于原住民的态度，而是取决于当地是否有适合驯化的动物。

不过，这一理论并非人人赞同。艾伦·麦克法兰就认为，问题不是动物是否适合驯化，而是人们是否能够从驯化动物中受益。他以自己在尼泊尔的经历为例。在他常去的塔克村，家养动物的种类和数量一直在减少。30年前他来到这里的时候，林子里有成群的水牛。但现在，人们不愿在林子里生活了，圈养动物的成本直线上升。村子里也曾经养过猪，但只是地位最低的人才养，因为上层人从礼仪角度，觉得猪太脏。结果，受上层人的压力，村子里曾经为数不少的黑猪也消失了。这里也一度有马，但随着养马的有钱人离开村子，马也离开了。马是地位的象征。它们不适合耕地，因为它们会把稻田踩得乱七八糟。这里也不适合骑行，因为地形太陡，而且乱石丛生。因此马没有任何实用价值。坡度较陡的路，骡子倒是能对付，不过搬运时，人工往往更便宜。因此，人们是否圈养动物，要考虑到礼仪、社会、经济等几个方面的因素。

对家养动物在各大洲之间的不均衡分布，还有另外一种解释。在欧亚大陆，最先开始驯养动物的，是美索不达米亚（现伊拉克的一部分）和中国，但几千年后，印度、地中海以及北欧等地，也都开始了驯养动物。与其他洲相比，欧洲和亚洲可能有地理上的优势，这不仅有助于畜牧业和农业的发展壮大，而且有利于思想和发明的传播。在《枪、细菌和钢铁》（*Guns, Germs and Steel*）一书中，雷里德·戴蒙德（Jared Diamond）比较了各大洲之间的差异，指出一个大洲的形状和走向可能很重要。欧亚大陆是东西走向，因此这里的居民，有着同样的昼夜变化和季节更替；他们还有着相似的气候和生态环境。所以当动植物从肥沃新月地开始水平延伸的时候，它们对新环境并不陌生。与此相反，非洲和美洲则是垂直的南北走向，跨越赤道，被炎热的热带区域分成了两个部分。

对动植物而言，南北方向上的分布要困难得多。欧亚大陆上的庄稼和家养动物延伸到了埃及和北非，但再延伸的话，就到了非洲大陆的热带地区。这片热带区域，南北向长达2000英里。这就带来另一个不利之处：热带地区的生态系统，不仅无法支持在地中海气候下茁壮生长的庄稼，还有助于对牲畜形成致命威胁的微生物的繁殖。例如，在赤道以南，马不能存活的原因，便是它们无法抵御热带病，例如由采采蝇带来的锥体虫的侵袭。

美洲也是被中美洲的热带雨林分成了两部分。绝大部分庄稼和驯养动物，无法从北美跨到南美。在凉爽的安第斯高原地带被驯化的美洲驼和豚鼠，就到不了同样凉爽的墨西哥高原，因为它们无法穿越炎热的中美洲。这些地理和气候因素，在限制家养动物向非洲和美洲的延伸中，发挥了重要作用。

整个地区都适合某些类别动物生存和繁衍的陆地，只有欧亚大陆。那里的动物庄园对全球的影响，几千年之后才体现出来。欧洲人和亚洲人有更高产的庄稼和更高级的饲养动物，这让他们有更充足的能量供应，而且他们的骑行也更快。这些因素加起来，使欧亚大陆在经济上具备了优于其他任何地区的巨大优势。食品的丰富，使某些村民有了涉猎新技术的条件，于是有了制陶、纺织和金属加工。村子越富裕，就越需要人手从事新物件的制作，于是出现了城市。一些人开始控制另外一些人，于是发展出以阶级为基础的等级制度，并导致了农奴、奴隶和军事统治的出现。新兴小国壮大后，法律和税收制度也建立了起来。

贸易逐渐成为城市生活的一项重要内容。起初，贸易的方式是物物交换，后来，货币和借贷开始出现。此后不久，政府和商人都发现，有必要把交易记录下来。最早出现的书面语言，可能不是诗人或哲学家的

尼泊尔塔克村的梯田，周围群山环绕。

著作，而是会计草草做下的交易记录。艾伦·麦克法兰就持这种观点。

他认为："这听起来有些令人难以置信，不过文字的发明可能就是为了记账，这样，商品交换后或财产易主后，就有了永久记录。因此，纯粹是出于实用目的，也就是保留记忆的需要，才有了书面文字。这样，人类就具备了固化信息并保存下来的手段。不过这样一来，就为相关机构的设立创造了条件，国家就可以建立起税收体系和市场体系。没有文字，人们能做的只是小规模的物物交换，无法发展成市场体系；而市场体系才是现代资本主义工业化的基础。"

惟其如此，文字最早出现的地方，恰恰是人类最早开始耕种作物、驯养家畜的地方。最古老的书面文字，5000年前出现于美索不达米亚的肥沃新月地。没有受其他文化的影响而独立发明了文字的地区，只有墨西哥、中国和埃及。墨西哥和世界其他地区没有什么联系，欧亚大陆则不同，其地理位置的优势非常有利于文字的传播。从泥板上的原始记号到纸面上抽象的读音文字，书面语言的演进主要是服务于不断增长的贸易需求。

今天，对于读和写，我们早就习以为常；不过，一开始，书面文字是统治者和书记员等特权阶层专用的。他们要记下每个居民交的税，也就是牲畜数目。而且文字越复杂越好，那就可以作为少数人专用的密码。人类学家克劳德·莱维–斯特劳斯（Claude Levi-Strauss）认为，早期的书面文字，其主要功能，就是"帮一些人去奴役另外一些人"。

参与本书工作的历史学家在剑桥大学会面时，克里斯托弗·卡伦给大家展示了一块泥板，上面是用苇管笔写上去的楔形文字。这是一份早期的合同，记录的是一个年轻女奴的买卖，时间大约是公元前1300年。

他说道："这东西是烧制过的，目的是保留记录。这样，发生什么事情就有了书面记录，而不用再靠个别人的记忆。书面记录是可以留存下来的。如果我们质疑这个女奴买卖的合法性也就有了依据。这在人类社会的发展中是一个巨大转变，因为你可以把某些人会唱的歌，某些人能记起的祖先名字都单独记录下来。因此，农耕经济基础上的城市文明发展起来不久就产生了深层的社会变革，而文字在此过程中发挥了至关重要的作用。"

从口头语言向文字符号的转变有几种不同的方式。地中海地区的文明古国，使用的是一套字母系统，记录人们讲话时发出的不同声音。掌握了 20 ~ 30 个字母符号，就可以记下别人所讲的内容。在欧亚大陆东部，在中国，公元前 2000 年左右，开始出现另一种更为复杂的文字系统。这套系统不是基于说话时发出的声音，而是基于一整套的符号，每个符号大致与某个物件或某个意思相对应。这套符号有数千个，因此学会读、学会写，都不是那么简单。今天，读中文报纸，大约需要认识 5000 个汉字；而一些大部头的中文字典，可能收有几万个汉字。日本的书面语言更复杂，因为除了汉字外，他们还使用另外两种音节表，也就是片假名和平假名，用来表示讲话时的音节。所以日文报纸是 3 套各不相同的符号混用。

那么，这些复杂的书面语言体系，对东方的发展有什么作用呢？最初，读和写都仅限于皇宫里的人使用；但慢慢有些人有了加入文官行列的想法，于是学校多起来，识字率得到大幅提高。500 年以前，70% 的中国人能读会写。

就像克里斯托弗·卡伦所说的，事实证明，年轻人有能力掌握人类创造出的任何书写系统。他认为："我们对字母系统的偏爱，可能是欧洲中心论的另一体现。18 世纪的约翰逊博士（Dr Johnson），曾经从反面角度，驳斥过中国文化更优越的论断。他说，'先生们，他们还没发明出字母表，对不对？他们还没做到其他人已经做到的，这表明，他们在这方面逊色不少。'不过，字母这种书面语言方式，并非像有些人所称道的那样么实用。"

在中国，学习书法是传播儒家学说的一个组成部分，也是人才选拔中的一项考查内容。字写得好，不仅是有文化的标志，对控制庞大的贸易网络也十分重要。中国曾是世界上最成功、最强大的贸易国，而且这种状态维持了 1000 余年。

如果在 10000 年的时间跨度内看，中国的地位是无人能比的。东方一些学者认为，从更宏观的角度看，过去几个世纪西方的统治地位，只是一时的现象。而且西方对东方的成就，一直有所低估。他们相信，在不久的将来，东亚就会恢复其在世界经济中曾经占有的统治地位，而中国则会恢复其在世界舞台上的中心地位。

前面几章里，我们已经讲到，中国人是怎样成为了自己牺牲品的。

他们自给自足、繁荣昌盛；他们认为不需要来自其他国家的思想、商品或食物。这种自以为是的态度，滋生的是自满和保守，但不会带来创新或任何激进的想法。

随着印刷术的出现，书面语言对社会的影响越来越大，而印刷术似乎放大了东西方之间的文化差异。在欧洲，古登堡（Johannes Gutenberg）和他的金属活字印刷机引发了一轮冲击波，被形容为思想的火药。在中国，印刷术产生的作用比较有限，类似锦上添花。不过，造纸和印刷都发明于中国。

纸张发明之前，对重要的文字，皇帝一般让人抄到丝帛上，但更多的是刻到竹简或木简上。纸张发明于公元2世纪，是通过把蚕树皮、碎丝帛和其他纤维做成纸浆制成的。随后的几百年间，纸张替代了竹简、木简和丝帛。书籍则是抄写在细长的轴卷上，之后卷起来保存。

儒家经典还被刻在石头上，以便学者们注墨、做拓片。拓片就是中国早期的印刷方式。下一个突破，是始于8世纪的木版印刷，其方法，是把文字反刻在木板上，注墨后压到纸上。印刷术也用于法律文书和纸币的制作（明朝市场上还出现过最早的假币），但其对中国社会最主要的作用在于扩大了儒家学说的传播。

在欧亚大陆，印刷术经由印度、波斯和埃及，最终于15世纪中叶传到了欧洲，欧洲工匠于是开始使用活字印刷。当时的书籍用的都是本地语言，这有助于在方兴未艾的国家间树立认同感，也有助于新教徒等异己分子对抗教会，其中最著名的一个便是马丁·路德（Martin Luther）。印刷对工匠技术要求较高，随着分工的逐渐明确，慢慢发展成为最早进行劳动分工的行业之一。排字、制版、制墨和印刷都成为独立的工种。印刷业的发展，还为规模化

哲学家孔子，他的学说被中国的统治阶层奉为圭臬。其学说的目的，是要维持现状："君君，臣臣，父父，子子。"

生产的另一原则打下了基础：印刷机是最早使用可替换部件的机器。在某种意义上，印刷厂也是生产同样产品的工厂；不过，这里的产品不是衣服，而是思想。

麦克法兰相信，印刷术在欧洲的使用，对人们的自我认识，产生了深远影响。

他说道："以前，人们当然也有交流，不过什么都是从别人那儿听到的，什么都是口头传播。印刷术普及后就有了书，你可以关上门独自阅读。有人认为，西方个人主义的发展，也就是说你是你、我是我，我们彼此不同，每人有每人的精神世界，这是与阅读不可分的。开始，印刷好像无非是把一些金属玩意儿放到托盘里，之后便可以印刷；但是，它对政治、经济、宗教和自我认识所产生的影响是巨大的，也是一场革命。"

没有印刷术，很难想象文艺复兴、宗教改革、科学革命和工业革命会不会发生。不过令人费解的是，为什么在欧亚大陆东部，印刷术没有

装裱在丝绸上的中国书法与绘画。

产生同样的影响。对此，麦克法兰的回答是，印刷术所提升的是业已形成的社会潮流。在欧洲，印刷固化的是语言、文化和政治方面的广泛差异；而在中国和日本，个人主张是不允许的，因此印刷固化下来的是大一统的思想，而不是任何离经叛道的想法。这样，西方出现的，是新知识的传播；而东方进行的，是教条的循环往复。

在中国，印刷术被用来扩大政府对知识阶层的思想控制。每个想往上爬的政府官员都得去背大段大段的儒家经典。这些经典印数很多，因此容易买到，但其他书目就很有限了。这样，木版印刷就比活字印刷经济得多，因为这就像盖章。木版印刷技术简便，所需投资无几；但一旦完成制版，就很难改变。

而在欧洲，印刷则是一份残酷的生意。每个印刷业老板都急于收回他为那昂贵的制版所付出的成本。克里斯托弗·卡伦这样解释道："如果你是欧洲出版界的老板，你肯定会急着找新书印、找好书印。要是有人找你，说我有一本书，一本人人都会喜欢的书，你可能会给他一笔预付款，然后让自己的销售网络全欧洲发行。所以，要是你宗教方面思想反叛，倒可能有出版商愿意给你出书，因为你的书会很好卖。"

罗伯特·斯梅尔开办的（Robert Smail）位于苏格兰的印刷厂，已经开始使用金属排版。这是当时排版场景的再现。

活字印刷，因为可以随时更换或更新，带来了不同以往的新气象。个中原因很简单：用数千个字制版，与用 26 个字母制版相比，毕竟是个乏味而费时的活儿。

后来，西方发明了机械打字机后，出现了另一个更大的难题：键盘上怎装得下数千个字符？传统键盘的设计，有意打乱了字母顺序，这样，打字速度就不会太快，字母键触及纸面时，就不会相互干扰。把 26 个字母安排到一个平面，这在设计上已不简单；安排数千个字符，那简直难以想象。后来，人们想出了办法，但谁也不会用这个"打字机"去参加打字比赛。其设计是将数千个金属活字排列到打印托盘上，托盘边上是一个微型机械臂，就像一个微型起重机。打字员找到需要的字后，机械臂就把这个字挑出来，打印到纸上，之后又自动放回原处。每出现新字，都需要打字员有鸬鹚捕鱼般的眼神和速度。

因此，用中文传播思想，即使有政府的支持，即使政府同意出版新书，也不是件容易事。在欧洲，思想的传播，某种程度上可以通过每年印刷的书籍来衡量。1600 年，欧洲出版的新书有 2000 种。到 1800 年，这个数字是 20000 种，其中包括地图、旅行指南、教科书以及数据表。

麦克法兰指出，这给欧洲带来了巨大优势，不仅扩大了科学知识的传播，还增进了对其他文明的了解。

麦克法兰说："欧洲人有很强的好奇心，这是他们非常突出的一个特点，就像他们普遍好战，普遍喜欢竞争一样。他们总想知道远处都有些什么。在哥伦布等人做了环球航行后，不少欧洲人带着纸和笔到处探险，并记下所见所闻。他们把其他地方的新方法、新想法记录下来，出版成书，于是全欧洲都能看到。这和世界其他地方的做法大不一样。而且，当欧洲在努力吸收其他地区的文明成果时，其他地区不是处在封闭状态，就是无动于衷。"

在欧洲内部，1600—1800 年的英国，与其他国家相比，经历了非比寻常的增长。这段时间，英国的农产量，无论从人均来看，还是从单位面积看，基本上都是其他国家的两倍。虽然英国人口也增长了两倍，但用于农耕的土地面积并未明显增长。这是什么原因呢？

简单的回答是：牲畜。作物的改良和工具的先进当然重要，但真正使英国农业与欧洲其他国家区别开来的，是他们对牲畜的使用。牲畜的

用一个个汉字来印刷中文，需要 8000 个左右的活字。（下面三个字的意思是克什米尔细毛山羊）

广泛使用，使得每个英国农民的生产，除了供应自家外，还能供应另外两家；而法国农民，在供应自家之外，只能再负担半个家庭。英国人使用的牲畜数量巨大并且品种优良。他们使用的马，比欧洲其他国家加起来都多。当时，其他国家大多还是用牛，不仅慢，而且低效。

这样一个人口密集的小岛，怎么会有这么多牲畜呢？要知道，其他的欧洲国家，为了获取更多的可耕地，当时都在屠宰牲畜。答案依然很简单：煤。当其他欧洲国家还主要以木材作能源时，英国已开始用煤，无论是工厂还是家用壁炉，煤都逐渐成为主要燃料。这意味着本来需要种树的地方，现在可以用来牧养牲畜。通过开发地下能源，通过利用牲畜从事农耕，劳动力得到了解放，可以转向工厂，从而为工业革命打下了基础。把握自然、利用资源的做法，慢慢传到了欧洲大陆，传向了世界其他地方。对此，乔尔·莫可尔做了如下说明：

"当时在欧洲，尤其是西欧，人们逐步认识到，操控我们所处的这个物质世界，不必有什么负疚。实际上，你对自然的操控，恰恰昭示出造物主的光芒。如果说造物主凭其无上智慧创造了这个世界，而且把它交给我们处置，那这恰恰是《圣经》'创世纪'中所包含的、犹太教－基督教的深层理念。人们对此是相信的。我认为，我们的技术进步，在很大程度上是因为我们相信，整个的物质世界都是我们的。我们想怎么样，就可以怎么样；为了自身利益，我们可以去操控它。"

到1492年，欧洲已经强大起来。在成功开发了人力、牲畜、水力和风力后，欧洲人已经能够犁地、磨面、造纸、开磨坊、伐木、淬火锻造、冶炼和造船。这最后一项，使欧洲人把对自然界的控制，扩大到了其他版图。而此时的其他大陆，还没有任何一个像欧洲这样，将知识、技能和政治意愿融为一体。胸怀征服世界的抱负是一回事，然而这少数的欧洲人，怎会大批大批地干掉非洲、澳洲和美洲的土著民，从而将这些地方变为自己的殖民地呢？其"成功"的秘密，可追溯到他们饲养了数千年的牲畜头上。

第一层因素是间接的。成熟的农业耕作，使部分人得以发展某些专门技能，例如金属加工。铁匠铺里生产出了马掌、马笼头和马镫，这些东西，把马变成了战斗工具。他们还造匕首、剑和矛，以此装备那些征服者。当西班牙的科尔特斯人击败南美的阿兹特克人时，当皮萨罗击败印加人时，他们仅用几十个装备了先进武器的骑兵，就屠杀了数千的印第安人。对那些身着铠甲的骑士，印第安人的弹弓和棍棒基本没用。许多时候，双方的人数比竟达 1∶500，但胜利的一方仍是欧洲人。这些征战被记载下来，送回国内，供后来的冒险者学习。他们得以汲取过去的经验，并据此调整其行动方案。分散于南美大陆的印第安人酋长可能也听说过这些杀戮的事；但当真正面对欧洲入侵者的时候，往往遭受同样的命运。

后来，在征服北美的时候，枪杆子发挥了重要作用。但欧洲入侵者最致命的武器则是无形的，而且与饲养动物之间有着更为直接的联系。

欧洲人的传染病在土著居民之间传播，成千上万的土著因此丧生。这些疾病，例如天花、麻疹、肺结核、流感等，已在欧洲存活了几百年，其中有不少和饲养动物有关。这些病对儿童往往致命，但挺过来的儿童

《三头获奖的猪》。培养最优良的牲畜品种是英格兰农业革命的一个重要组成部分。猪的杂食性，使其成为投入产出比为最高的肉类来源。

就有了天然抗体，而且这种抗体还能传给下一代。因此，虽说这些病很危险，但欧洲人已慢慢具备了对付这些病原体的身体条件。

当欧洲探险者带着牲畜向美洲进发时，他们没有想到，他们是带上了一种致命的东西。新世界里的居民，对那些传染病没有抵抗力，其结果便是一场场的灾难。有人估计，哥伦布抵达美洲之前的那些土著居民中有95%都因为欧洲入侵者带来的传染病而死亡。而土著民传染给欧洲入侵者的只有梅毒，这也算是对欧洲人的强奸掠夺的报复了。

乔尔·莫可尔认为，欧洲人在文化和政治方面的高度组织性，也是他们在其他大陆成功立足的重要原因。

莫可尔说："欧洲人在美洲落脚的时候，无论是科尔特斯，还是皮萨罗，他们的残酷无情，他们的咄咄逼人，都是当地土著居民闻所未闻的。欧洲人会跟土著民撒谎，会通过欺骗来破坏他们的组织结构。而且欧洲人精于组织，他们即使有超长的供给线，仍能与欧洲本土保持联系，如

马背上的西班牙远征军，击败了阿兹特克军队，而且通过阴谋手段，挑起了阿兹特克人之间的内战；不过，墨西哥的征服最终靠的是欧洲人的细菌。

有需要，仍能得到补给。他们靠的并非都是武力。有人有武力但组织乏术，有人有武力而且善于组织，得胜的往往是后者。"

来到北美的英国殖民者，可能不像西班牙人那样残暴，但如果印第安人骚扰他们的定居点，英国人也会把他们赶跑。后来，印第安人有了马之后，他们很快就学会了骑马作战。但真正的战争靠的不是子弹；导致土著民大批死亡的仍然是微生物。欧洲人和北美印第安人在免疫方面不对等，由此所导致的悲剧，一直持续到19世纪。

1837年北达科他州发生的一起事件，体现了这种无意为之的生物战的可怕。沿着密苏里河，生活着一支平和的印第安部落，叫作曼丹族。他们住在一个个的小村子里，房子都是称为"土屋"的圆顶土房。他们种植玉米、蔬菜，也会把吃不掉的这些玉米和蔬菜拿到离住处不远的克拉克堡去换皮货。一天，一艘叫作"圣彼得号"的明轮船溯流而上，来给克拉克堡运送补给。不幸的是，船上有人正患天花。这种病在村子里传染开来，造成了很大的恐慌。当时有些人担心躲不过去，干脆自杀了。天花让这个部落丧失了90%的人，包括他们那令人敬畏的酋长四熊。当四熊觉得难逃厄运的时候，他向部落居民讲了最后一番话。这番话，被一个皮货商，在《查顿之克拉克堡日记》(*Chardon's Journal at Fort Clark*)（1837年）中记了下来：

在我的记忆里，我一直是爱白人的……四熊从来不会让白人挨饿……我可以随时为他们献身，这点，他们无法否认。我已经做了一个印第安人能为他们做的一切，可他们的回报是什么呢？是毫不感恩！我从不骂白人是狗，但今天，我要宣布，他们都是黑心的狗。他们骗了我。我一直当作兄弟的这些人，竟然是我的死敌。我身经百战，受伤无数，但我以此为荣。今天，我又受了伤，受了什么伤呢？受了那些我一直当作兄弟对待的白狗的伤。兄弟们，我不怕死，这，你们也知道。不过，没想到我会带着这张烂掉的脸去死。就连狼群看到我都会后退，都会彼此相告，"这是四熊，白人的朋友"。

当北美的土著居民越来越少，并且被赶到没那么肥沃的地方时，人类历史上最大的一次迁徙开始了。欧洲移民潮水般涌向新世界，而且带

剧变：英国工业革命

印第安人中的曼丹族，为防止苏族袭击，将自己的村落用木栅栏围了起来。落败对手的带发头皮，被高高挂在木杆上，目的是吓退入侵者。曼丹族对欧洲人一向友好，但却无法抵御他们带来的疾病。

来了驯养动物后的几个世纪以来，技术进步所能给予的一切优势。

而新出现的机械动物——铁马——也于"火箭号"开始在利曼铁路行驶的当年来到了美洲。19世纪30年代，是英国和北美铁路建设高潮的序曲；不过当时没有多少人会想到，英国和欧洲其他地区的工业革命也是资本主义经济所能产生的巨大财富的序曲。现在，一个全新的大陆行将巨人般地走上振兴之路。这个大陆的规模原被视为一个不利条件，现在铁路的出现将不利条件转化成了有利条件。从木材到煤炭，从肉类到小麦，各种丰富的自然资源，通过铁路源源不断地被输送到各大制造中心。对那些投资于北美的商人而言，规模经济和批量生产给他们带来了滚滚财源。

能够体现这种巨大变化的事例之一，便是密歇根湖畔一个叫作芝加哥的小村子的发展。1833年之前，在芝加哥地区，印第安人都被赶跑了。他们对土地所有权和财产所有权没有概念。仅仅几年时间，由于对地皮的炒作，当地土地的价格锐增上千倍。

法国政治学家埃米尔·布特米（Emile Boutmy），在其1891年出版的《法国－英国－美国宪法研究》（*Studies in Constitutional Law*：*France-*

England-United States）一书中，对美国人做了如下描述："他们最主要的目标是在这大片大片的草原、森林和荒地上耕作、定居。美国社会最为突出的特点，是在对其辽阔疆土的探索、耕种和资本化方面，整个社会都像一个巨大的公司，而不是一个民主社会。美国首先是一个商业社会，其次才是一个国家。"

芝加哥西部和南部，大片大片的草原变成了农场和牧场。当地的木材、肉类和谷物通过五大湖被运到东部。但到了冬天，湖水一结冰，芝加哥便被隔绝。

要解决这个问题，第一步是要修建铁路，先将牲畜和谷物运到一个中转站，再将其运到东部。急于摆脱当地泥泞道路的农民，纷纷承诺购买新成立的铁路公司的股票。1850—1860年的10年间，美国的铁路长度，从开始的9000英里增加到30000英里。经由铁路运输的货物数量庞大，这给铁路公司之间带来了残酷的竞争。拥有数条线路的货运公司很多时候亏本运行，目的是挤走对手。

芝加哥因此成了以开发北美自然资源为目的的巨型企业的中转站，

铁路向西部的延伸标志着"美国梦"的开始。（版画作者：柯里尔，艾夫斯；纽约；1868年。）

这家企业就是社会。其周围的草原变成了麦田，环五大湖的松林被砍伐用作木材，与大平原地带印第安人息息相关的北美野牛，大批大批地被杀掉，以便为牧场和牲畜让路。人类历史上，土地使用从游牧向农耕的转变，再没有比这更快的了。美国的中西部，有条件成为全国面粉和肉食的供应地。大批移民纷纷涌向东部各州的工业城市后，他们都得填饱肚子。为保证不断增加的人口不至于挨饿，食物的生产和运输需要一个新的跨越。

粮食的搬运不再用麻袋，而是用机器自动传送。谷物传送带的发明，使仓库变成了多层的厂房，把粮食从一个存储仓运到另一个存储仓，靠的是蒸汽驱动的传送带。仓库一边，是从成排的火车车厢上卸下粮食，另一边，则是把粮食装上船。小说家安东尼·特罗洛普（Anthony Trollope），1861年到芝加哥参观过这样的仓库，他写道："这所大楼最值得一提的，不是其仓库功能，而是洪水般流动着的玉米……这是一个自成一体的世界，是一个尘土飞扬的世界。"

谷物传送带不仅使仓库实现了自动化，而且使粮仓变得有点像银

在北美大草原上生存了数千年的野牛，到19世纪末被大量猎杀。铁路的延伸扩大了牛皮市场，有数百万头野牛为此遭到屠宰。

行。不过，这里不是存取钱的地方；农民和商人，在这里拿到的是收据，是在需要时可以兑换的收据。电报的出现，使粮价上的任何变化，都会很快传遍全国。这催生了一种新型市场。

在芝加哥交易所，一个期货市场逐渐发展壮大。一些商人开始跟别人签订固定价格的合同，也就是说，以后无论价格如何波动，合同价格不变。交易规模日益可观。到1870年，芝加哥已成为世界上最大的木材、谷物、牲畜和猪肉交易市场。此时的食物，已不仅仅是可以种植、养殖和填饱肚子的东西；食物已经产业化，成为资本体系中的一个组成部分。

随着1865年芝加哥联合家畜场的开业，食品的产业化达到了一个新高度。没过几年，这个地方的占地面积就超过了40万平方米，一天之内，可以容纳21000头牛、75000头猪和22000头羊。这里是真正意义上的工业化屠宰——屠宰的流水作业线，也被称为"分解线"。宰杀后的牲口，经由一个转盘，被传送到长长的流水线上，线下的工人，每人只负责完成一项特定的屠宰任务。"分解线"的说法，原本出自辛辛那提城，美国生猪之都也被戏称为"猪肉城"。当时著名的园林设计师弗雷德里克·奥姆斯特德（Frederick Olmsted）曾去过这个地方，在他1854年出版的《得克萨斯纪行》（*Journey through Texas*）一书中，对他参观的一个肉类加工厂的工作环境作了生动的描述：

詹姆斯·帕玛特里（James Palmatary）所做的1857年芝加哥鸟瞰图。从图中可以看到，铁路一直修到了芝加哥河河口，修到了位于河口的大型谷物电梯附近。河上的船只，可以一直驶到仓库，一直驶到金融区。

我们走进一间天花板很低的大屋子，走过长长一排四脚朝天的屠宰了的生猪，之后是一个有人操控的切剁机。就在这台切剁机上，生猪被分解成可以直接出售的猪肉。两人才能抬动的厚木桌子，两人一起才能使用的切刀，便是切剁机的组成部分。而由铁质雄榫连接的轮子，转得再规律不过。扑通一声，一头生猪落到了桌子上，切刀随之落了下来，

剧变：英国工业革命

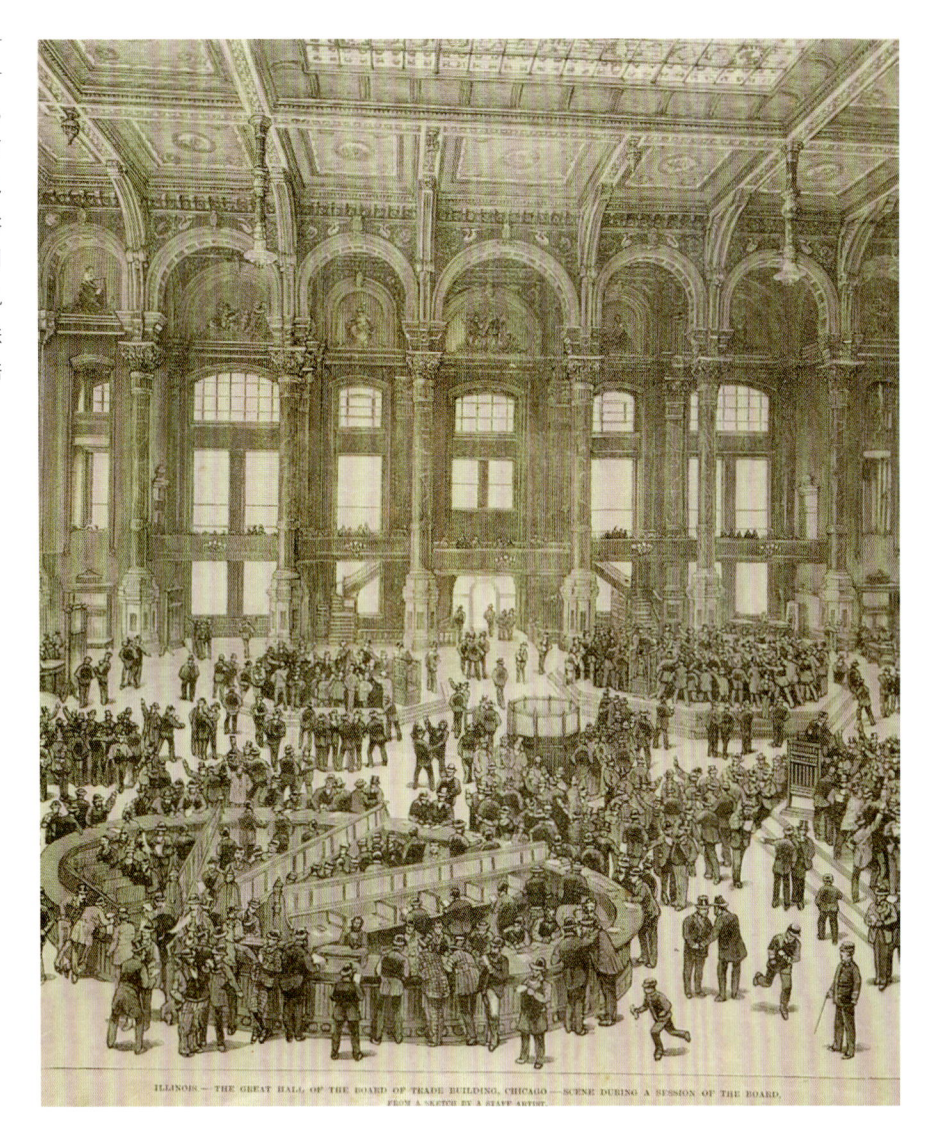

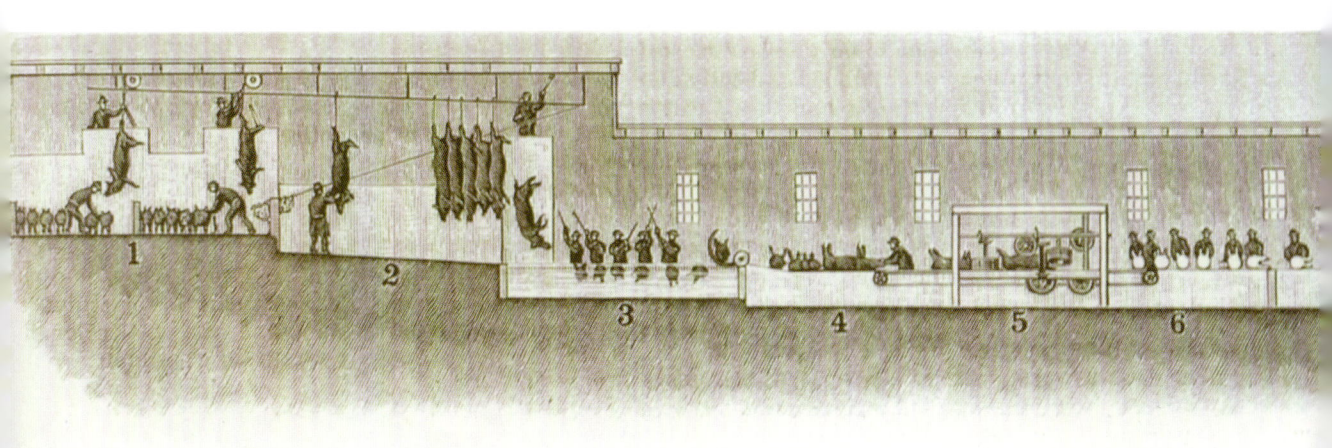

芝加哥交易所大楼——资本主义的一座圣殿。大厅里，想做生意的商人，彼此透过圆形孔做着手势。每日的喧嚣背后，是一个极其有利可图的期货市场。投机商通过对商品价格涨跌的预测来做买卖，有赔有赚。

一下、一下；一下，一下……切完了。可你话还没出口，扑通一声，切肉的声音又开始了，一下，一下；一下，一下……机器的速度，大大超出我们的预料。我们掏出手表，计了一下时间。从一头生猪被送到桌子上，到被下一头生猪取代，仅用 35 秒。

生猪的产业化比较简单。猪肉可在腌制后包装起来，经由铁路运到其他地方。牛则不然，因为谁都愿吃新鲜牛排，所以要是芝加哥有人把牛宰过后，能把新鲜牛排送到纽约餐馆，他就会发财。波士顿有位叫古斯塔夫斯·斯威夫特（Gustavus Swift）的屠宰工，来到芝加哥后，和其他许多人一样，也想尝试一下。他做了个实验——在大冬天，他把两货车分装后的牛排，装进火车车厢，之后敞开车厢门，运往新英格兰。在牛排中间流动的冷空气，启发他开发出冷冻车厢。这不仅让他发了财，而且催生了一个全新的产业——制冰。

这意味着，牛肉也可以像猪肉那样加工和包装，而不必再通过铁路运送活牛。斯威夫特新建的肉类加工厂，是自动化生产的样板。乔尔·莫可尔解释说："他那里的肉类加工，分工精细，效率极高。我觉得亚当·斯密做梦也想不到，会有像芝加哥的斯威夫特加工厂这样的地方。"

亨利·福特（Henry Ford）可能也是受到肉类分解线的启发，从而开发出 T 型汽车生产线。他那集冶炼、采矿、生产、销售于一体的管理体系成了美国大公司的榜样。但制造业的突飞猛进，并非这个国家经济飞速增长的唯一动因。人们在消费模式上的转变，也同样重要。芝加哥是

1891 年《科学美国人》（*Scientific American*）杂志中的这幅插图，描绘了分解线上生猪的屠宰和处理过程。

邮购名录的发源地，而邮购改变了商品的销售方式。蒙哥马利·沃德销售名录，成了美国消费者的百科全书，上面的商品，从香肠到住房无所不有。其集中处理邮购订单的地方，又叫"蜂巢"，成了现代都市生活的象征，遍布全国各地。

此时的美国，资本主义还处于很不成熟的阶段，但已经显得势不可挡。然而，1929年华尔街的崩溃，以及1930年后的大萧条，提示了美国梦的不确定性和不平等性。

从10000年的时间跨度来看，可以把两次世界大战看作是欧洲好战国之间永久性对抗的延续。不过与此前的冲突相比，有两个明显的不同：首先，工业化带来了更高程度的机械化和杀伤力；其次，欧洲国家在世界众多地区的殖民，使其他国家不可避免地被卷入到大战之中。新石器革命和工业革命为两次大战提供了条件。有人可能会想，这两次世界大战，就像人类结束游牧生活后的无数次冲突一样，是注定要爆发的。但并非如此。

回顾过去10000年，艾伦·麦克法兰指出，历史具有偶然性。文明之间的某些细微差异，偶然的发现，都会导致意想不到的，有时甚至是可怕的后果。就是在这样的发展中，我们走到了今天。

麦克法兰说："不少历史学家依然认为，历史是注定的。他们的写作，好像也是注定要写一样。我认为，昨天以前的一切，都不一定是注定的；而今天怎样，我还不知道。例如，苏联解体前，没有人预料到它会解体。也没有人预料到法国大革命，甚至身在其中，都不知道革命正在进行。因此，历史就是机遇、偶然事件和不期然而然的结果的总和。"

我们的历史学家在剑桥的讨论接近尾声时，他们的话题又回到了乔尔·莫可尔在本章开头提出的问题：

组装线的工作特点，是每天将同一动作重复数百遍。亨利·福特的工厂里，工人们在给线上的发动机安装同样的零件。

"我们比 10000 年前真的有进步吗？"

克里斯托弗·卡伦对此持怀疑态度。

他说："我们的文明程度越来越高，技术能力越来越强，但我对人类进步的模式有所怀疑。进入农耕社会后，我们的收获是什么呢？后来的城市化又让我们得到了什么呢？我认为，我们在游牧时期，已经发明了生存所需的基本东西，其中包括家庭、语言、宗教、音乐、舞蹈、诗歌，等等，都是生活中真正美好的事物。而那以后我们又收获了什么，我就不大肯定了。"

乔尔·莫可尔对此不以为然，他指出，游牧民族恐怕是画不出《蒙娜丽莎》的，也写不出《圣马修的激情》。他接着说："有人想比较一下工业革命前夕和新石器时代的生活水平，这种想法我看很荒谬，因为这没有可比性。文艺复兴时期，或罗马帝国时期，或中国的皇权时代，人类的文化成果可能的确只有少数人享用；但这些成果，在某种意义上，是智人的最伟大的发明。我们不能只是数数游牧民族前辈们有多少颗牙齿。我们给后代留下遗产后，他们可以到博物馆去看，到音乐会去听，到图书馆去读。从这个角度看，农业社会及城镇化为人类带来了此前不可想象的进步，这一点毋庸置疑。"

玛克辛·伯格提示大家，亚当·斯密曾有这样一个说法：国家财富的积累能让普通劳工过上比新石器时代非洲的王子还要好的生活。玛克辛认为，是人类的欲望把他们推入到了消费社会，推入到了工业化。她说："这始自家庭成员劳动时间的变化，特别是妇女，她们有了给别人干活的时间，就可以买漂亮衣服、绸缎和陶器，过上体面的生活。这种生活不仅是富人享有，中产阶级、普通百姓也都可以享有。"

西蒙·谢弗对"坐在位于火星的审判席上，判断人类哪个阶段最好"这种做法不以为然。他谈起自己对一种态度的疑问，这种态度贯穿工业革命始终，而且被让-雅克·卢梭（Jean-Jacques Pousseau）等人所称道。

蒙哥马利·沃德公司，邮购的先驱者。取消了中间商环节，同时也不必设立实体店，这使其价格优势无可比拟。1900 年这份"商品名录"的封面，就是该公司总部"蜂巢"大楼的截面图。订单在这里处理后，货物经由铁路，发至美国各地。

卢梭反对都市生活，宁可选择去过带有怀旧色彩的、从树上摘果子吃的日子。

西蒙·谢弗说："从诠释人类活着的目的这一角度看，怀旧显然是一种极为保守、极其悲观，而且所知有限的态度；但那种认为我们目前处在最好阶段的自满态度，也同样不可取。卢梭前面，还有一个人物，那就是伏尔泰（Voltaire）在他的小说《老实人》（Candide）里无情嘲讽的庞格罗斯大夫（Doctor Pangloss）。这位大夫，想象不出还有什么比这个世界更好的，因为这个世界，是理性和智慧相结合的结果；而且在任何最好的东西里，真正存在的就是最好的。因此，无望的怀旧和对现实的自满自大，就是两个极端的错误。这也是工业革命历史能够告诫我们的所在。"

麦克法兰认为，在某种程度上，人类正在回归游牧社会。

他说："看下芝加哥这样的大城市，当然伦敦和东京也一样，你会发现，人们的行为方式与游牧民族之间有很多相似之处。他们到处奔波，但不是在田野里，而是在机器和剩余产品之间。他们不用再像农业社会时那样，需要从事各种体力劳动。……现在的社会结构，现在的生活方式，虽然从技术角度比过去复杂得多，但这让我想到的还是狩猎者和采摘者。因此历史有点像三明治，两面都是面包，中间才是有滋味

新石器时代的来临，是否意味着田园生活的终结？

的地方。"

本书所述，始于 1830 年的一天，纵深延展一万年。这样做的目的，不是想说工业革命只能在英国发生，也不是沾沾自喜，而是从地理学、生物学和社会学角度审视一下带来工业革命的诸多事件。这其中任何因素的微小变化都可能导致结果大相径庭。工业化的种子，现已遍布全球。在前几章涉及的时间跨度内，我们应当可以看到，今天人们习以为常的技术是经若干国家和不同社会的努力才发展起来的。现在正在出现的是全球文化。

发达国家的购物中心是全球文化最为明显的地方；不过，这从发展中国家日益增长的中产阶级身上也可以看到。随着越来越多的人通过电子邮件、电子商务、电子娱乐和电子生活接触外部世界，全球化的范围会越来越广。而全球计算机网络则有可能模糊掉纽约和新德里、买方和卖方、作者和读者以及电影观众和电影导演之间的界限。举例说，像《女巫布莱尔》(*The Blair Witch Project*) 这样的低成本电影，其所取得的成就好像在告诉人们，只要宣传得当，任何有点天分的人，都可以去拍电影，都可以把自己拍的电影放到网上供人欣赏。只是，如果你想看，你得提供银行账户，你得付费，之后就可以把电影下载到你的计算机上。当然，你也可以去拍，只要有人看就行。

新的环境下，我们是否又成了游牧民族？

对未来的这种预测，让人联想到一种场景，一种公司势力渐弱、国家概念淡化、个人日渐突出的场景。许多人对大公司毫不信任，对民族主义恐惧有加，然而又无力改变现状。通信网络正开始改变这一切。不过新时代的游牧者，不是寻找食物，而是从世界的不同地方收集和交换信息。这会不会是一个平等时代的开端？会不会预示着人人都有机会一展身手？抑或是要回归游牧时代？

回到伊甸园的想法，是个诱人的梦，但像大多数预言一样，可能是个有缺陷的幻想。新石器时代之后会怎样，工业革命之后又会怎样，变数太多，难以预测；而对占人口一半的穷人而言，温饱都成问题，更甭说计算机，他们如何发展，存在太多的不确定性。

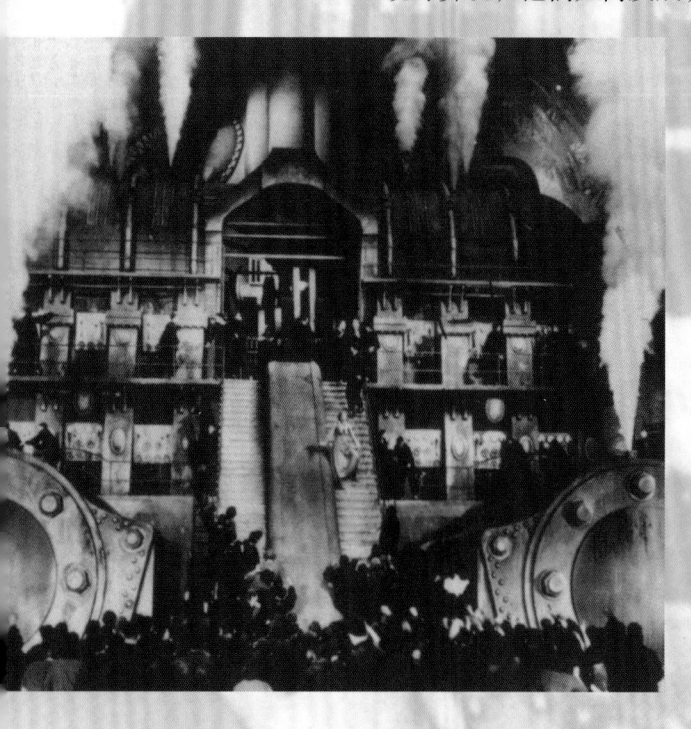

有一点不大会变：人类需要理解、适应并把握自然。过去10000年里，人类利用了风、水和动物提供的能量，提取了煤、石油和原子核中的能量，而且掌控了动物和作物的繁殖技术，这样不断增长的人口才能吃饱肚子。为了应对人口的持续上升，我们开始用遗传学知识来操控动物和作物基因，以提高食物产量。可能只有一样东西还没得到控制：人类自身。通过操控人类基因，我们可能会直接控制自身进化。

麦克法兰认为，我们甚至可能会造出新的物种。"智人"可能会进化为"人工人"，也就是一种杂交人，由通过基因选择确定的生物体系与一系列新增特质结合而成，其中包括高级记忆存储、信息的感应式输入等。将来，你没准能看到"火箭号"首次行驶的再现，但不是在屏幕上，而是在脑海里。这一预测的问题是，很难想象在应用这种技术的社会里，生活到底会怎样。

范妮·肯布尔在乘坐"火箭号"后，把火车描绘为"咆哮的小兽"。1830年，马还是主要交通工具，所以难怪她用这种比喻。这次火车之旅，颠覆了她对旅行的全部观念；但即使有了这次的经历，她也很难预料随后几十年后工业发展的规模和速度。要是让她预料一个世纪之后的变化，难度就会更大。她可能会把轿车看作不用马拉的马车，但她绝对想象不出车流量巨大的公路网，想象不出空中飞翔的"大铁鸟"。

在《1984》一书中，乔治·奥韦尔描绘了一个由电视操控的社会，由"思想警察"监督历史的重写。这是令所有试图回顾过去的人深感不安的一幕，尤其是看到许多历史似乎已被重写，以便与现有思考方式保持一致。对此，可能没什么办法。历史所讲述的毕竟是对今天仍有意义的过去；讲述未来也一样。所以，关于虚拟的游牧者或杂交人这种想法，更多的是在告诉我们，人类现在处于何处，而不是未来处于何处。

《大都市》（*Metropolis*）。弗里茨·兰（Fritz Lang）于1920年前后去过纽约。他从纽约之行得到灵感，创作了这幅作品。作品中对2000年的展望令人不寒而栗。

延伸阅读

全书
Hobsbawm, E. J., *Industry and Empire*. Penguin, London, 1969

Jennings, Humphrey, *Pandaemonium*. André Deutsch, London, 1985

Macfarlane, Alan, *The Riddle of the Modern World*. Macmillan, London, 2000

Mokyr, Joel, *The Lever of Riches*. Oxford University Press, New York, 1990

Mumford, Lewis, *Technics and Civilization*. Harcourt Brace & Co, New York, 1934

Sellar, W.C. and Yeatman, R.J.: *1066 and All That*. Penguin, London, 1960

第一章 铁马
Burton, Anthony, *The Rainhill Story*. BBC Books, London, 1980

Cobbett, William, *Rural Rides*. Penguin, London, 1967

Malthus, T. R., *An Essay on the Principle of Population*. Penguin, London, 1970

Thomas, R. H. G., *The Liverpool and Manchester Railway*. Batsford, London, 1980

第二章 车轮与交易
Berg, Maxine, *The Age of Manufactures 1700-1820*. Routledge, London, 1994

Briggs, Asa, *The Age of Improvement 1783-1867*. Longman, London, 1959

Engels, Friedrich, *The Condition of the Working Class in England*. Penguin, London, 1987

Macfarlane, Alan, *The Origins of English Individualism*. Blackwell, Oxford, 1978

Smith, Adam, *The Wealth of Nations*. Everyman, London, 1910

Trinder, Barrie, *The Making of the Industrial Landscape*. J. M. Dent, London, 1982

Trinder, Barrie (ed.), '*The Most Extraordinary District in the World*'. Phillimore, Ironbridge Gorge Museum Trust, 1997

Young, Hilary (ed.), *The Genius of Wedgwood*. Victoria and Albert Museum, London, 1995

第三章 财富之船
Cobbe, Hugh (ed.), *Cook's Voyages and Peoples of the Pacific*. British Museum, London, 1979

Hepper, Nigel, *Kew: Gardens for Science and Pleasure*. HMSO, London, 1982

Jones, E. L., *The European Miracle*. Cambridge University Press, Cambridge, 1981

Parker, Geoffrey, *The Military Revolution*. Cambridge University Press, Cambridge, 1988

Sobel, Dava, *Longitude*. Fourth Estate, London, 1996

第四章 奇妙机械
Agricola, Georgius (trans. Herbert Clark Hoover and Lou Henry Hoover), *De Re Metallica. Dover*, New York, 1950

Cronin, Vincent, *The Wise Man from the West: Matteo Ricci and his mission to China*. Fount, London, 1984

Harris, Nathaniel, *The Hamlyn History of Imperial China*. Hamlyn, London, 1999

Landes, David S., *Revolution in Time*. Harvard University Press, Cambridge, Mass., 1983

Macfarlane, Alan, *The Savage Wars of Peace*. Blackwell, Oxford, 1997

Needham, Joseph; *Science and Civilisation in China*. Cambridge University Press, Cambridge, 1954

Ying-Hsing, Sung (trans. and annotated by E-Tu Zen Sun and Shiou-Chuan Sun), *Chinese Technology in the Seventeenth Century*. Dover, New York, 1997

第五章 战争与和平
Gies, Frances and Joseph, *Cathedral, Forge and Waterwheel*. HarperCollins, New York, 1994

Kiyooka, Eiichi (trans.), *The Autobiography of Yukichi Fukuzawa*. Columbia, New York, 1966

McNeill, William H., *The Pursuit of Power*. Blackwell, Oxford, 1983

Ruskin, John, *The Stones of Venice*. Da Capo Press, New York, 1960

Temple, Robert, *The Genius of China*. Prion Books, London, 1991

第六章 动物庄园
Cronon, William, *Nature's Metropolis: Chicago and the Great West*. Norton, New York, 1992

Diamond, Jared, *Guns, Germs and Steel: A short history of everybody for the last 13,000 years*. Jonathan Cape, London, 1997

Flannery, Tim, *The Future Eaters*. Reed, Victoria, 1994

Frank, André Gunder, *Re-Orient: Global economy in the asian age*. University of California, Berkeley and Los Angeles, 1998

Landes, David S., *The Wealth and Poverty of Nations*. Little, Brown, London, 1998

Pacey, Arnold, *Technology in World Civilization*. MIT, Cambridge, Massachusetts, 1991

致谢

写作本书的灵感来自和剑桥大学两位出色学者的一次会面，那就是艾伦·麦克法兰（Alan Macfarlane）和西蒙·谢弗（Simon Schaffer）。这两位学者与其他三位历史学家：玛克辛·伯格（Maxine Berg）、克里斯托弗·卡伦（Christopher Cullen）和乔尔·莫可尔（Joel Mokyr），对本书的写作及其电视系列片的制作，提出了许多建设性意见。

在写作的准备阶段，我们得到了许多人的帮助，他们的真知灼见，让我们获益良多，其中包括：Michael Bailey，Kent Deng，Sarah Harrison，Akira Hayami，Rob Iliffe，Ian Inkster，Eric Jones，Gerry Martin，Patrick O'Brian，Osamo Saito Saito，Mark Turin。

我们要特别感谢 BBC 第四频道"读书"节目组中十分活跃的编辑团队，尤其是就本书初稿提出诸多建议的编辑 Emma Tait 和 Christine King，协助选取书中插图的 Mark Wallace，负责设计的 Isobel Gillan 以及编辑指导 Charlie Carman。

我们的委托方，BBC 第四频道的编辑 Sara Ramsden 和 Charles Furneaux 对我们这个项目给予了充分信任，哪怕这一项目有时显得过于庞大，甚至不着边际。类似规模的项目一般需要外方合作才能得到资金的保障。但我们感谢节目指导 Tim Gardam，是他拍板决定由第四频道对本项目予以全额资助。

风暴电影公司方面，我们要特别感谢的是，为本书和电视系列片做出诸多贡献的 Carlo Massarella；执导了系列片前三集的 Ian Duncan 和 Jim Burge；助理制片人 Gerald Lorenz；编辑 Paul Shepherd，Tim Cawston，Ian Meller；把极为庞杂的制作计划和预算管理得井井有条的制作经理 Marisa Verazzo 和 Ruby Evans。在准备阶段，Leesa Rumley，Robert Hartell 和 Xavier Alford 做了大量细致的研究。我们还要表扬一下我们的国别协调人：日本的 Chako Sugi-Bellamy，中国的张永宁以及尼泊尔的 Anita 和 Tek Gurung。

最后，我们必须感谢艾伦·麦克法兰和他的妻子萨拉·哈里森（Sarah Harrison），感谢他们的时间投入和热情接待，这的确是一次特殊而愉快的合作。从第一次会面之后，艾伦就一直处于这一项目的核心。他渊博的知识常令我们如沐春风。他不厌其烦地审读了我们早期的全部书稿，耐心更正了我们的错误概念，并时时给我们以鼓励。

图片声明

对本书中使用的照片与插图，出版方在付印之前，都尽可能地确定了其版权所有者（如下所示）。尽管如此，遗漏仍在所难免，对此，我们将在再版时予以补充。

2: Mann Collection. 4 (left), 6–7, 7 (right), 106–07, 118, 122, 123, 128, 133, 137, 156, 159, 168: David Dugan. 4 (middle), 68: National Trust Photographic Library/Wallington. 4 (right), 73: *The Return to Amsterdam of the Fleet of the Dutch East India Company in 1599* (oil on copper) by Andries van Eertvelt (1590–1652) Johnny can Haeften Gallery, London, UK/Bridgeman Art Library. 5 (left), 105:© Adam Woolfitt/CORBIS. 5 (middle), 149: *The Great Wall of China, from China in a Series of Views* by George Newenham Wright (c.1790–1877) 1843 (coloured engraving) by Thomas Allom (1804–72) (after) Private Collection/The Stapleton Collection/Bridgeman Art Library. 5 (right), 66, 158: The Art Archive. 9: Channel 4. 10, 13, 24, 27, 28, 30, 31, 32, 33: National Railway Museum/Science & Society. 11: Mander & Mitchenson Theatre Collection. 15: *Liverpool Docks* by John Atkinson Grimshaw (1836–93) Whitford & Hughes, London, UK/Bridgeman Art Library. 17, 36, 40, 50, 100, 127: Mary Evans Picture Library. 19, 34: Mansell/Time Inc./Katz. 21: Helmshore Textile Museums & Blackburn Borough Council. 22–23: Marisa Verazzo. 25, 53: Hulton Getty. 26, 43, 48, 91, 180–181: Science Museum/Science & Society Picture Library. 37: *A View of the Whitechapel Road*, from the *Progress of Steam*, 1828 by Henry Thomas Alken (1785–1851) National Railway Museum, York, North Yorkshire, UK/Bridgeman Art Library. 38–39: © Paul Almasy/CORBIS. 45, 46: Ironbridge Gorge Museum Trust. 55, 56, 57, 58–59, 60, 62, 62–63: Trustees of The Wedgwood Museum, Barlaston, Staffordshire (England). 67: *Loyal Addresses and Radical Petitions*, 1819 by George Cruikshank (1792–1878) Guildhall Library, Corporation of London, UK/Bridgeman Art Library. 69: *Dr Livingstone's Remains at Southampton: Procession to the Railway Station*, from *The Illustrated London News*, 25 April 1874 (engraving) (b/w photo) by English School (19th century) Private Collection/The Stapleton Collection/Bridgeman Art Library. 70–71: *The Shore at Egmond-aan-Zee* by Jacob van Ruisdael ©National Gallery, London. 72: Tate Gallery/The Art Archive. 75: *Flowers in a vase* (panel) by Johannes Antonius van der Baren (c.1615–86) Johannesburg Art Gallery, South Africa/Bridgeman Art Library. 76 (left): *Four Officers of the Amsterdam Coopers' and Wine-rackers' Guild* by Gerbrand van den Eeckhout © National Gallery, London. 76–77: *A Windmill by a River* by Jan van Goyen © National Gallery. 78–79: The Fotomas Index UK. 81: *Samuel Pepys (1633-1703)* (engraving) (b&w photo) by Sir Godfrey Kneller (1646–1723) (after) Private Collection/Bridgeman Art Library. 83: *The Royal Exchange and the Bank of England*, lithograph by T. Picken, printed by Day & Son, published by Rudolph Ackerman, 1851 (colour litho) by George Sidney Shepherd (1784–1862) (after) Guildhall Library, Corporation of London, UK/Bridgeman Art Library. 85: © Ally Meyer/CORBIS. 87: *Battle of Vienna, 1683, 14 July - 12 Sept: Turks besiege Vienna, 12 Sept., Charles of Lorraine defeats the Turks at the Kahlenberg, near Vienna*, British Library, London, UK/Bridgeman Art Library. 89: Col. NMM, photo © Michael Holford. 90: © National Maritime Museum, London. 94: *Map of Australia/Carte des Australes*: The British Library (Neg. 1051 Or 503, Shelfmk. K.Top.IV., Pg/Fol: 60). 95: *Sir Joseph Banks, 1773, Botanist* by Benjamin West (1738–1820) Lincolnshire County Council, Usher Gallery, Lincoln, UK/Bridgeman Art Gallery. 96: *Transplanting of. the bread fruit trees from Otaheite (Tahiti)*, engraved and published by the artist, 1796 (mezzotint) by Thomas Gosse (1765–1844) National Library of Australia, Canberra, Australia/Bridgeman Art Library. 99, 170–71: Mike Coles. 102: Cambridge University Press. 109: Domestic clock with foliot escapement, probably made in Germany, 15th century. The Worshipful Company of Clockmakers' Collection, UK/Bridgeman Art Library. 110: From *De Re Metallica* (Dover Publications, 1950). 116 (left) *Self Portrait at the Age of 34* by Rembrandt © National Gallery, London. 116 (right): *Self Portrait at the Age of 63* by Rembrandt© National Gallery, London. 119: © Royal Ontario Museum/CORBIS. 120: *Portrait of Matteo Ricci (1552-1610)* Italian missionary, founder of the Jesuit mission in China (panel) by Italian School (17th century) Gesu, Rome, Italy/Bridgeman Art Library. 121: *Forbidden City, Peking*, 1980 (aquatint and etching) by Patrick Procktor (b.1936) Redfern Gallery, London, UK/Bridgeman Art Library. 124–25: *The Transept of the Crystal Palace from the Grand Entrance, 1851* (chromolitho) by W.H. Simpson (fl.1880) (after) Guildhall Library, Corporation of London, UK/Bridgeman Art Library. 129: MSI. 131, 132, 146, 165: Christopher Dugan 134–35: *Ploughing* (pencil and pastel on ivorine) by Cecil Charles Windsor Aldin (1870–1935) Private Collection/The British Sporting Art Trust/Bridgeman Art Library, © Anthony C. Mason. 139: Musée des Arts Asiatiques – Guimet, Paris © Photo RMN – Michel Urtado. 142, 143: The Board of Trustees of the National Museums & Galleries on Merseyside. 145: *The Invention of Gunpowder and the First Casting of Bronze Cannon*, plate 4 from *Nova Reperta* (New Discoveries) engraved by Philip Galle (1537–1612) c.1600 (engraving) by Jan van der Straet (Giovanni Stradano) (1523–1605) (after) Private Collection/The Stapleton Collection/Bridgeman Art Library. 147: *Venice: The Basin of San Marco on Ascension Day* by Canaletto © National Gallery, London. 150, 161: © Copyright The British Museum. 151: © Betmann/CORBIS. 152: © CORBIS. 154: Photo: Fukuzawa Memorial Center for Modern Japanese Studies, Keio University. 163: ML Design. 169: *Sheep and Goat* by Chao Meng–Fu (1254–1322), (ink on paper mounted on silk) Yuan Dynasty, (1260–1368) Freer Gallery, Smithsonian Institution, Washington, USA/Bridgeman Art Library. 171: From *Chinese Technology in the Seventeenth Century* (Dover Publications, 1966). 173: *Three Prize Pigs outside a Sty* by English School (19th century) Iona Antiques, London, UK/Bridgeman Art Library. 174: © Charles & Josette Lenars/CORBIS. 176: National Museum of American Art, Washington DC/Art Resource, NY. 177: *Across the Continent: 'Westward the Course of Empire Takes its Way'*, pub. by Currier and Ives, New York, 1868 (litho) by F.E. Palmer (19th century) (after) Museum of the City of New York, USA/Bridgeman Art Library. 178: *Herd of Bison, near Lake Jessie* by John Mix Stanley, 1860, toned lithograph, no. 1964.58 Amon Carter Museum, Fort Worth, Texas: 179 (neg. no. ICHi–05656), 180 (neg. no. ICHi–29619), 183 (neg. no. ICHi–01622) Courtesy of Chicago Historical Society. 182: From the collections of Henry Ford Museum & Greenfield Village. 184: © Jeremy Horner/CORBIS. 184–85:© Kevin R. Morris/CORBIS. 186–187, 187: UFA (Courtesy Kobal).

作者简介

萨利·杜根 (Sally Dugan)

作家、教师。她的写作生涯始自担任《牛津邮报》(Oxford Mailand Times) 记者期间开始时作实习记者,后担任专栏编辑。作为自由职业者,萨利为《时代周刊》(The Times) 和《无线电时代》(Radio Times) 写了许多稿件,主题从超人到恐龙,跨度很大。写作之余,她还在牛津韦奇伍德学校教授英国文学。

戴维·杜根（David Dugan）

英国BBC《剧变：英国工业革命》(The Day the World Took Off: The Roots of the Industrial Revolution) 系列节目制作人,风暴电影公司董事长。他曾在英国BBC的科技部供职10年,期间制作了数版"地平线"专题节目。1988年,戴维和其他两人合作,创办了风暴电影公司。他为英国BBC第4频道（Channel 4）,制作了多个专题节目。戴维曾两度荣获葛兰素科普作家奖（Glaxo Science Writers Award）。